Jean Genet

Le balcon

Marc Barbezat-L'Arbalète

COMMENT JOUER « LE BALCON »

A Londres, au Arts Theatre — je l'ai vu — le Balcon était mal joué. Il l'a été aussi mal à New York, à Berlin et à Paris — on me l'a dit. A Londres, le metteur en scène avait eu l'intention de malmener la seule monarchie anglaise, surtout la reine, et, par la scène du Général et du Cheval, de faire une satire de la guerre : son décor, des barbelés.

Des barbelés dans un bordel de luxe !

A New York, le metteur en scène a carrément fait disparaître tout ce qui concernait la révolution.

Berlin : un premier metteur en scène, espèce de caporal prussien, avait eu l'idée de transformer l'appareil permettant à madame Irma de voir et d'entendre ce qui se passe dans chacun de ses salons, en une sorte de poste de télévision en couleur, où les spectateurs auraient vu ce que madame Irma décrit. Autre idée de lui, teutonne : pour tout le monde des costumes 1900.

Paris : le Général est amiral ou membre de
l'Institut. Madame Irma, je veux dire l'actrice
chargée du rôle, refuse d'apparaître au lever du rideau
et exige que dès les premières scènes la parole soit à
Carmen. Les actrices remplacent un mot par un autre,
le metteur en scène taille dans le texte.

A Vienne, à Bâle, je ne sais plus ou je n'ai jamais
su.

*

Le plateau tournant — Paris — était une sottise :
je veux que les tableaux se succèdent, que les décors se
déplacent de gauche à droite, comme s'ils allaient
s'emboîter les uns dans les autres, sous les yeux du
spectateur. Mon intention est pourtant claire.

*

Dans les quatre scènes du début presque tout est joué
exagérément, toutefois il y a des passages où le ton
devra être plus naturel et permettre à l'exagération de
paraître encore plus gonflée. En somme aucune équivoque, mais deux tons qui s'opposent.

Au contraire, dès la scène entre madame Irma et
Carmen, jusqu'à la fin, il s'agit de découvrir un ton de
récit toujours équivoque, toujours en porte à faux.

Les sentiments des protagonistes, inspirés par la situation, sont-ils feints, sont-ils réels ? La colère, vers la fin de la pièce, du Chef de la Police à l'égard des Trois Figures, est-elle feinte, est-elle réelle ? L'existence des révoltés est dans le bordel, ou au-dehors ? Il faut tenir l'équivoque jusqu'à la fin.

*

L'auteur de la pièce — à propos justement de la dernière scène — aimerait assez qu'on ne coupe, qu'on n'abrège aucune explication sous le prétexte d'aller vite, d'être plus clair, ou que tout a déjà été dit plus haut, ou que le public a compris, ou qu'il s'ennuie.

*

Les actrices ne doivent pas remplacer les mots comme boxon, bouic, foutoir, chibre, etc., par des mots de bonne compagnie. Elles peuvent refuser de jouer dans ma pièce — on y mettra des hommes. Sinon elles obéissent à ma phrase. Je supporterai qu'elles disent des mots à l'envers. Par exemple : xonbo, trefou, couib, brechi, etc.

*

Essayer de rendre sensible la rivalité qui paraît exister entre Irma et Carmen. Je veux dire : qui dirige — la maison et la pièce ? Carmen ou Irma ?

★

J'ai eu l'idée de faire grimper les Trois Figures fondamentales sur de hauts patins. Comment les acteurs pourront-ils marcher avec ça sans se casser la gueule, sans se prendre les pattes dans les traînes et les dentelles de leurs jupes? Qu'ils apprennent.

★

Il va de soi que le costume d'Irma doit être, au début de la pièce, très austère. On peut même la supposer en deuil. C'est dans la scène avec Carmen qu'elle s'attifera, portera cette robe longue qui, dans la scène du Balcon deviendra, grâce à quelques décorations, la robe de la Reine.

★

Contrairement à ce qui a été fait à Paris, les Trois Figures (Évêque, Juge, Général) seront revêtues des uniformes, ou habits, en usage dans le pays où se joue la pièce. En France, il fallait un juge rappelant ceux de nos Cours d'assises et non un juge emperruqué; il fallait un Général au képi étoilé ou cerclé de feuilles de chênes et pas une espèce de Lord Amiral. Que les costumes soient excessifs mais non méconnaissables.

★

Pas dire tout le temps du mal : ainsi, à Londres, le metteur en scène avait eu une idée, l'actrice figurant le *cheval dessinait avec amour, pendant l'une de ses tirades, avec un bout de charbon des moustaches au Général.*

★

Les photographes (dernier tableau) doivent porter la tenue et prendre les manières des jeunes gens les plus délurés de l'époque et du pays où — et quand — sera jouée la pièce. En France, en 1966, il fallait des Blousons Noirs en cuir et des blue-jeans.

Il faudra inventer le type révolutionnaire, puis le peindre ou modeler sur un masque, car, je ne vois personne, même parmi les protestants lyonnais ayant le visage assez long, assez triste et assez farouche pour jouer ce rôle. La fixité des masques irait assez bien. Mais qu'on ne coupe plus rien dans cette scène.

★

Entre Irma et le Chef de la Police, les brefs instants de solitude doivent révéler une vieille tendresse. Je ne sais pas pourquoi.

★

Tout ce que je viens d'écrire ne s'adresse pas, bien sûr, à un metteur en scène intelligent. Il sait ce qu'il a à faire. Mais les autres?

*

Encore une chose : ne pas jouer cette pièce comme si elle était une satire de ceci ou de cela. Elle est — elle sera donc jouée comme — la glorification de l'Image et du Reflet. Sa signification — satirique ou non — apparaîtra seulement dans ce cas.

Le balcon

AVERTISSEMENT

La représentation fictive d'une action, d'une expérience, nous dispense généralement de tenter de les accomplir sur le plan réel et en nous-même.

— « Le problème d'un certain désordre — ou mal — venant d'être résolu sur les planches indique qu'il est en effet aboli puisque, selon les conventions dramatiques de notre époque, la représentation théâtrale ne peut être que représentation d'un fait. Passons donc à autre chose et laissons notre cœur se gonfler d'orgueil du moment que nous avons pris le parti du héros qui tenta — et l'obtint — la solution. »

Voilà ce qu'une conscience conciliante ne cesse de souffler aux spectateurs. Or, aucun problème exposé ne devrait être résolu dans l'imaginaire surtout que la solution dramatique s'empresse vers un ordre social achevé. Au contraire, que le mal sur la scène explose, nous montre nus, nous laisse hagards s'il se peut et n'ayant de recours qu'en nous.

L'artiste n'a pas — ou le poète — pour fonction de trouver la solution pratique des problèmes du mal. Qu'ils acceptent d'être maudits. Ils y perdront leur âme, s'ils en ont une, ça ne fait rien. Mais l'œuvre sera une explosion active, un acte à partir duquel le public réagit, comme il veut, comme il peut. Si dans l'œuvre d'art le « bien » doit apparaître, c'est par la grâce des pouvoirs du chant, dont la vigueur, à elle seule, saura magnifier le mal exposé.

Quelques poètes, de nos jours, se livrent à une très curieuse opération : ils chantent le Peuple, la Liberté, la Révolution, etc., qui, d'être chantés sont précipités puis cloués sur un ciel abstrait où ils figurent, déconfits et dégonflés, en de difformes constellations. Désincarnés, ils deviennent intouchables. Comment les approcher, les aimer, les vivre, s'ils sont expédiés si magnifiquement loin ? Écrits, parfois somptueusement, ils deviennent les signes constitutifs d'un poème, la poésie étant nostalgie et le chant détruisant son prétexte, nos ·poètes tuent ce qu'ils voulaient faire vivre.

Je me fais mal comprendre, peut-être ?

PERSONNAGES

L'ÉVÊQUE
LE JUGE
LE BOURREAU : ARTHUR
LE GÉNÉRAL
LE CHEF DE LA POLICE
LE VIEUX
ROGER
L'HOMME
L'UN DES RÉVOLTÉS
L'ENVOYÉ
LE PREMIER PHOTOGRAPHE
LE DEUXIÈME PHOTOGRAPHE
LE TROISIÈME PHOTOGRAPHE
LE MENDIANT : L'ESCLAVE
IRMA : LA REINE
LA FEMME
LA VOLEUSE
LA FILLE
CARMEN
CHANTAL

PREMIER TABLEAU

DÉCOR

Au plafond, un lustre qui demeurera le même, à chaque tableau.

Le décor semble représenter une sacristie, formée de trois paravents de satin, rouge sang.

Dans le paravent du fond une porte est ménagée.

Au-dessus un énorme crucifix espagnol, dessiné en trompe l'œil.

Sur la paroi de droite un miroir — dont le cadre est doré et sculpté — reflète un lit défait qui, si la pièce était disposée logiquement, se trouverait dans la salle, aux premiers fauteuils d'orchestre.

Une table avec un broc.

Un fauteuil jaune.

Sur le fauteuil un pantalon noir, une chemise, un veston.

L'évêque, mitré et en chape dorée, est assis dans le fauteuil.

Il est manifestement plus grand que nature.

Le rôle sera tenu par un acteur qui montera sur des patins de tragédien d'environ 0,50 m de haut.

Ses épaules, où repose la chape, seront élargies à

l'extrême, de façon qu'il apparaisse, au lever du rideau, démesuré et raide, comme un épouvantail.

Son visage est grimé exagérément.

A côté une femme assez jeune, très fardée, et vêtue d'un peignoir de dentelle, s'essuie les mains à une serviette. (Je n'ai pas dit qu'elle se torche.)

Debout, une femme, d'une quarantaine d'années, brune, visage sévère, vêtue d'un strict tailleur noir[1]. *C'est Irma. Elle porte un chapeau, sur sa tête. Un chapeau, à bride serrée comme une jugulaire.*

L'ÉVÊQUE, *assis dans le fauteuil, au milieu de la scène, d'une voix sourde, mais fervente :* En vérité, ce n'est pas tant la douceur ni l'onction qui devraient définir un prélat, mais la plus rigoureuse intelligence. Le cœur nous perd. Nous croyons être maître de notre bonté : nous sommes l'esclave d'une sereine mollesse. C'est même d'autre chose encore que d'intelligence qu'il s'agit... *(Il hésite.)* Ce serait de cruauté. Et par-delà cette cruauté — et par elle — une démarche habile, vigoureuse, vers l'Absence. Vers la Mort. Dieu ? *(Souriant.)* Je vous vois venir ! *(A sa mitre.)* Toi, mitre en forme de bonnet d'évêque, sache bien que si mes yeux se ferment pour la dernière fois, ce que je verrai, derrière mes paupières, c'est toi, mon beau chapeau

---

1. Non. Je préfère décidément la robe longue de deuil, et le chapeau de crêpe, sans le voile.

doré... C'est vous, beaux ornements, chapes, dentelles...

IRMA, *brutale :* Ce qui est dit est dit. Quand les
jeux sont faits...

> *Durant tout le tableau, elle bougera à
> peine. Elle est placée très près de la porte.*

L'ÉVÊQUE, *très doux, d'un geste écartant Irma :* Et
que les dés sont jetés...

IRMA : Non. Deux mille, c'est deux mille, et pas
d'histoires. Ou je me fâche. Et ce n'est pas dans
mes habitudes... Maintenant, si vous avez des
difficultés...

L'ÉVÊQUE, *sec et jetant la mitre :* Merci.

IRMA : Ne cassez rien. Ça doit servir. *(A la
Femme.)* Range ça [1].

> *La Femme pose la mitre sur la table, près
> du broc.*

L'ÉVÊQUE, *après un lourd soupir :* On m'a dit que
cette maison allait être assiégée? Les révoltés ont
déjà passé le fleuve.

IRMA, *soucieuse :* Il y a du sang partout... Vous
longerez le mur de l'archevêché. Vous prendrez la
rue de la Poissonnerie...

> *On entend soudain un grand cri de douleur
> poussé par une femme qu'on ne voit pas.*

(Agacée.) Je leur avais pourtant recommandé
d'être silencieux. Heureusement que j'ai pris la

---

1. Mais : « Mange ça » me plaît aussi. Il faut alors une mitre en
pain d'épice que la femme pourra brouter.

précaution de boucher toutes les fenêtres d'un rideau molletonné. *(Soudain aimable, insidieuse.)* Et qu'est-ce que nous avons accompli ce soir? Bénédiction? Prière? Messe? Adoration perpétuelle?

L'ÉVÊQUE, *grave :* Ne parlez pas de ça maintenant. C'est fini. Je ne songe qu'à rentrer... Vous dites que la ville est en sang...

LA FEMME, *l'interrompant :* Il y a eu bénédiction, madame. Ensuite ma confession...

IRMA : Après?

L'ÉVÊQUE : Assez!

LA FEMME : C'est tout. A la fin mon absolution.

IRMA : Personne ne pourra donc y assister? Rien qu'une fois?

L'ÉVÊQUE, *effrayé :* Non, non. Ces choses-là doivent rester et resteront secrètes. Il est déjà indécent d'en parler pendant qu'on me déshabille. Personne. Et que toutes les portes soient fermées. Oh, bien fermées, closes, boutonnées, lacées, agrafées, cousues...

IRMA : Je vous le demandais...

L'ÉVÊQUE : Cousues, madame Irma.

IRMA, *agacée :* Vous permettez au moins que je m'inquiète... professionnellement? Je vous ai dit deux mille.

L'ÉVÊQUE, *sa voix soudain se clarifie, se précise, comme s'il s'éveillait. Il montre un peu d'irritation :* On ne s'est pas fatigué. A peine six péchés, et loin d'être mes préférés.

LA FEMME : Six, mais capitaux! Et j'ai eu du mal à les trouver.

L'ÉVÊQUE, *inquiet :* Comment, ils étaient faux?

LA FEMME : Tous vrais! Je parle du mal que j'ai eu pour les commettre. Si vous saviez ce qu'il faut traverser, surmonter, pour arriver à la désobéissance.

L'ÉVÊQUE : Je m'en doute, mon petit. L'ordre du monde est si anodin que tout y est permis — ou presque tout. Mais si tes péchés étaient faux, tu peux le dire à présent.

IRMA : Ah non! J'entends déjà vos réclamations quand vous reviendrez. Non. Ils étaient vrais. *(A la Femme.)* Défais-lui ses lacets. Déchausse-le. Et en l'habillant qu'il ne prenne pas froid. *(A l'Évêque.)* Vous voulez un grog, une boisson chaude?

L'ÉVÊQUE : Merci. Je n'ai pas le temps. Il faut que je parte. *(Rêveur.)* Oui, six, mais capitaux!

IRMA Approchez, on va vous déshabiller!

L'ÉVÊQUE, *suppliant, presque à genoux :* Non, non, pas encore.

IRMA : C'est l'heure. Allons! Vite! Plus vite!

> *Tout en parlant, on le déshabille. Ou plutôt on ne défait que des épingles, on dénoue des cordons qui semblent retenir la chape, l'étole, le surplis.*

L'ÉVÊQUE, *à la Femme :* Les péchés, tu les as bien commis?

LA FEMME : Oui.

L'ÉVÊQUE : Tu as bien fait les gestes? Tous les gestes?

LA FEMME : Oui.

L'ÉVÊQUE : Quand tu t'approchais de moi tendant

ton visage, c'est bien les reflets du feu qui l'illuminaient?

LA FEMME : Oui.

L'ÉVÊQUE : Et quand ma main baguée se posait sur ton front en te pardonnant...

LA FEMME : Oui.

L'ÉVÊQUE : Et que mon regard plongeait dans tes beaux yeux?

LA FEMME : Oui.

IRMA : Dans ses beaux yeux, monseigneur, le repentir, au moins est-il passé?

L'ÉVÊQUE, *se levant :* Au galop. Mais, est-ce que j'y cherchais le repentir? J'y vis le désir gourmand de la faute. En l'inondant, le mal tout à coup l'a baptisée. Ses grands yeux s'ouvrirent sur l'abîme... une pâleur de mort avivait — oui madame Irma — avivait son visage. Mais notre sainteté n'est faite que de pouvoir vous pardonner vos péchés. Furent-ils joués?

LA FEMME, *soudain coquette :* Et si mes péchés étaient vrais?

L'ÉVÊQUE, *d'un ton différent, moins théâtral :* Tu es folle! J'espère que tu n'as pas réellement fait tout cela?

IRMA, *à l'Évêque :* Mais ne l'écoutez pas. Pour ses péchés, soyez rassuré. Il n'y a pas ici...

L'ÉVÊQUE, *l'interrompant :* Je le sais bien. Ici il n'y a pas la possibilité de faire le mal. Vous vivez dans le mal. Dans l'absence de remords. Comment pourriez-vous faire le mal? Le Diable joue. C'est à cela qu'on le reconnaît. C'est le grand Acteur. Et c'est pourquoi l'Église a maudit les comédiens.

LA FEMME : La réalité vous fait peur, n'est-ce
pas?

L'ÉVÊQUE : S'ils étaient vrais, tes péchés seraient
des crimes, et je serais dans un drôle de pétrin.

LA FEMME : Vous iriez à la police?

*Irma continue à le déshabiller. Toutefois il
a encore la chape posée sur ses épaules.*

IRMA, *à l'Évêque :* Mais laissez-la, avec toutes ces
questions.

On entend encore le même cri terrible.

Encore eux! Je vais aller les faire taire.

L'ÉVÊQUE : Ce cri n'était pas joué.

IRMA, *inquiète :* Je ne sais pas... qu'en savons-
nous, et quelle importance?

L'ÉVÊQUE, *s'approchant lentement du miroir, il se
plante devant lui :* ... Mais répondez donc, miroir,
répondez-moi. Est-ce que je viens ici découvrir le
mal et l'innocence? *(A Irma, très doucement.)*
Sortez! Laissez-moi seul!

IRMA : Il est tard. Vous ne pourrez plus partir
sans danger...

L'ÉVÊQUE, *suppliant :* Juste une minute.

IRMA : Il y a deux heures vingt que vous êtes
ici. C'est-à-dire vingt minutes de trop...

L'ÉVÊQUE, *soudain courroucé :* Laissez-moi seul.
Écoutez aux portes si vous voulez, je sais que vous
le faites, et rentrez quand j'aurai fini.

*Les deux femmes sortent en soupirant, l'air
excédé.*

L'Évêque reste seul; après avoir fait un

*effort visible ɔ ur se calmer, devant le miroir
et tenant son surplis*

.. Répondez-moi, miroir, répondez-moi. Est-ce
que je viens ici découvrir le mal et l'innocence? Et
dans vos glaces dorées, qu'étais-je? Je n'ai jamais,
je l'atteste devant Dieu qui me voit, je n'ai jamais
désiré le trône épiscopal. Devenir évêque, monter
les échelons — à force de vertus ou de vices —
c'eût été m'éloigner de la dignité définitive
d'évêque. Je m'explique : *(l'Évêque parlera d'un ton
très précis, comme s'il poursuivait un raisonnement
logique)* pour devenir évêque, il eût fallu que je
m'acharne à ne l'être pas, mais à faire ce qui m'y
eût conduit. Devenu évêque, afin de l'être, il eût
fallu — afin de l'être pour moi, bien sûr! — il eût
fallu que je ne cesse de me savoir l'être pour
remplir ma fonction.

        Il saisit le pan de son surplis et le baise.

Oh, dentelles, dentelles, travaillées par mille
petites mains pour voiler tant de gorges haletantes,
gorges gorgées, et de visages, et de cheveux, vous
m'illustrez de branches et de fleurs! Reprenons.

Mais — c'est là le hic! *(Il rit.)* Ah! je parle latin!
— une fonction est une fonction. Elle n'est pas un
mode d'être. Or, évêque, c'est un mode d'être.
C'est une charge. Un fardeau. Mitre, dentelles,
tissu d'or et de verroteries, génuflexions... Aux
chiottes la fonction.

        Crépitement de mitrailleuse.

IRMA, *passant la tête par la porte entrebâillée :*
Vous avez fini?

L'ÉVÊQUE : Mais laissez-moi nom de Dieu. Foutez le camp! Je m'interroge.

Irma referme la porte.

La majesté, la dignité, illuminant ma personne, n'ont pas leur source dans les attributions de ma fonction. — Non plus, ciel! que dans mes mérites personnels. — La majesté, la dignité qui m'illuminent, viennent d'un éclat plus mystérieux : c'est que l'évêque me précède. Te l'ai-je bien dit, miroir, image dorée, ornée comme une boîte de cigares mexicains? Et je veux être évêque dans la solitude, pour la seule apparence... Et pour détruire toute fonction, je veux apporter le scandale et te trousser, putain, putasse, pétasse et poufiasse...

IRMA, *rentrant :* Ça suffit, maintenant. Il va falloir partir.

L'ÉVÊQUE : Vous êtes folle, je n'ai pas fini.

Les deux femmes sont rentrées.

IRMA : Je ne vous cherche pas, et vous le savez, des querelles pour le plaisir, mais vous n'avez pas de temps à perdre... Je vous répète qu'il y a du danger pour tout le monde à s'attarder dans les rues.

Bruit de mitraillade, au loin.

L'ÉVÊQUE, *amer :* Vous vous foutez bien de ma sécurité. Quand tout est fini, vous vous foutez du monde!

IRMA, *à la Fille :* Ne l'écoute plus et déshabille-le.

A l'Évêque qui est descendu de ses patins et qui a maintenant les dimensions normales d'un acteur, du plus banal des acteurs :

Aidez-vous, vous êtes raide.

L'ÉVÊQUE, *l'air idiot :* Raide? Je suis raide? Raideur solennelle! Immobilité définitive...

IRMA, *à la Fille :* Passe-lui son veston...

L'ÉVÊQUE, *regardant ses fripes qui s'entassent à terre :* Ornements, dentelles, par vous je rentre en moi-même. Je reconquiers un domaine. J'investis une très ancienne place forte d'où je fus chassé. Je m'installe dans une clairière où, enfin, le suicide est possible. Le jugement dépend de moi et me voici face à face avec ma mort.

IRMA : C'est beau, mais il faut partir. Vous avez laissé votre voiture à la porte de la rue, près du pylône...

Très vite, sur ses vêtements civils, l'Évêque a jeté sa chape dorée.

L'ÉVÊQUE, *à Irma :* Car notre préfet de police, ce pauvre incapable, nous laisse égorger par la racaille! *(Se tournant vers le miroir et déclamant.)* Ornements! Mitre! Dentelles! Chape dorée surtout, toi, tu me gardes du monde. Où sont mes jambes, où sont mes bras? Sous tes pans moirés, glacés, que font mes mains? Inaptes à autre chose qu'esquisser un geste qui voltige, elles sont devenues moignons d'ailes — non d'ange, mais de pintade! — chape rigide, tu permets que s'élabore, au chaud et dans l'obscurité, la plus tendre, la plus lumineuse douceur. Ma charité, qui va inonder le monde, c'est

sous cette carapace que je l'ai distillée... Quelquefois, comme un couteau, ma main sortait pour
bénir. Oo couper, faucher? Tête de tortue, ma
main écartait les pans. Tortue ou vipère prudente?
Et rentrait dans le roc. Dessous, ma main rêvait...
Ornements, chape dorée...

> *La scène se déplace de gauche à droite,
> comme si elle s'enfonçait dans la coulisse.
> Apparaît alors le décor suivant.*

DEUXIÈME TABLEAU

DÉCOR

Même lustre. Trois paravents bruns. Murs nus.

Même miroir, à droite, où se réfléchit le même lit défait qu'au premier tableau.

Une femme, jeune et belle, semble enchaînée, poignets liés.

Sa robe, de mousseline, est lacérée. Les seins sont visibles.

Debout, devant elle, le bourreau. C'est un géant, nu jusqu'à la ceinture. Très musclé. Son fouet est passé derrière la boucle de sa ceinture, dans le dos, de sorte qu'il semble être pourvu d'une queue.

Un juge qui, lorsqu'il se relèvera, paraîtra démesuré, lui aussi rallongé par des patins, invisibles sous sa robe, et le visage maquillé, à plat ventre, rampe en direction de la femme qui recule à mesure.

LA VOLEUSE, *tendant son pied :* Pas encore! Lèche! Lèche d'abord...

> *Le juge fait un effort pour ramper encore, puis il se relève et, lentement, péniblement,*

apparemment heureux, il va s'asseoir sur un escabeau.

La Voleuse (cette dame décrite plus haut) change d'attitude, et de dominatrice, devient humble.

LE JUGE, *sévère :* Car tu es une voleuse! On t'a surprise... Qui? La police... Tu oublies qu'un réseau subtil et solide, mes flics d'acier, emprisonne vos gestes? Insectes aux regards mobiles, montés sur pivots, ils vous guettent. Toutes! Et toutes, captives, ils vous apportent au Palais... Qu'as-tu à répondre? On t'a surprise... Sous ta jupe... *(Au Bourreau.)* Passe-lui la main sous le jupon, tu trouveras la poche, la fameuse poche Kangourou. *(A la Voleuse.)* Que tu remplis de tout ce que tu rafles sans choix. Car tu es insatiable et nib' de discernement. En plus tu es idiote... *(Au Bourreau.)* Qu'y avait-il, dans cette célèbre poche Kangourou? Dans cette énorme bedaine?

LE BOURREAU : Des parfums, monsieur le Juge, une lanterne, une bouteille de fly-tox, des oranges, plusieurs paires de chaussettes, des oursins, une serviette éponge, une écharpe. *(Au Juge.)* Vous m'entendez? Je dis : une écharpe.

LE JUGE, *sursautant :* Une écharpe? Ah, ah, nous y voici. Et pour quoi faire, l'écharpe? Hein, pour quoi faire? Étrangler qui? Réponds. Étrangler qui?... Tu es une voleuse ou une étrangleuse? *(Très doux, implorant.)* Dis-moi, mon petit, je t'en supplie, dis-moi que tu es une voleuse.

LA VOLEUSE : Oui, monsieur le Juge!

LE BOURREAU : Non!

LA VOLEUSE, *le regardant, etonnée :* Non?

LE BOURREAU : C'est pour plus tard.

LA VOLEUSE : Hein?

LE BOURREAU : Je dis : l'aveu doit venir en son heure. Nie.

LA VOLEUSE : Pour avoir encore des coups!

LE JUGE, *mielleux :* Justement, mon petit : pour avoir des coups. Tu dois nier d'abord, pour avouer et te repentir. De tes beaux yeux je veux voir jaillir l'eau tiède Oh! Je veux que tu en sois trempée. Pouvoir d larmes!... Où est mon code!

> *I cherche sous sa jupe et ramène un livre.*

LA VOLEUSE : J'ai déjà pleuré...

LE JUGE, *il semble lire :* Sous les coups. Je veux des larmes de repentir. Quand je t'aurai vue mouillée comme un pré, je serai comblé.

LA VOLEUSE · Ce n'est pas facile. Tout à l'heure, j'ai essayé de pleurer...

LE JUGE, *ne lisant plus, ton mi-théâtral, presque familier* Tu es bien jeune. Tu es nouvelle? *(Inquiet.)* Tu n'es pas mineure au moins?

LA VOLEUSE : Non, non, monsieur...

LE JUGE : Appelle-moi monsieur le Juge Quand es-tu arrivée?

LE BOURREAU · Avant-hier, monsieur le Juge.

LE JUGE, *reprise du ton théâtral et reprise de la ect re* Laisse-la parler. J'aime cette voix sans consistance, cette voix eparse... Écoute : il faut que tu sois une voleuse modèle, si tu veux que je sois un

juge modèle. Fausse voleuse, je deviens un faux
juge. C'est clair?

LA VOLEUSE : Oh oui, monsieur le Juge.

LE JUGE, *il continue à lire* : Bien. Jusqu'à présent
tout se passait bien. Mon bourreau cognait dur...
car lui aussi fait son travail. Nous sommes liés : toi,
lui, moi. Par exemple, s'il ne cognait pas, comment
pourrais-je l'arrêter de cogner? Donc, il doit
frapper pour que j'intervienne et prouve mon
autorité. Et tu dois nier afin qu'il te frappe.

> *On entend un bruit : quelque chose a dû
> tomber dans la pièce à côté. Ton naturel :*

Qu'est-ce que c'est? Toutes les portes sont bien
fermées? Personne ne peut nous voir, ni nous
entendre?

LE BOURREAU : Non, non, soyez tranquille. J'ai
tiré le verrou.

> *Il va examiner un énorme verrou à la
> porte du fond.*

Et le couloir est consigné.

LE JUGE, *ton naturel :* Tu es sûr?

LE BOURREAU : Je vous le certifie. *(Il met la main
à sa poche.)* Je peux en griller une?

LE JUGE, *ton naturel :* L'odeur du tabac m'inspire,
grille.

> *Même bruit que tout à l'heure.*

Oh, mais qu'est-ce que c'est? Mais qu'est-ce que
c'est? Je n'aurai pas la paix? *(Il se lève.)* Qu'est-ce
qui se passe?

LE BOURREAU, *sec :* Mais rien. On a dû faire
tomber quelque chose. C'est vous qui êtes nerveux.

2

LE JUGE, *ton naturel :* C'est possible, mais ma nervosité me renseigne. Elle me tient en éveil.

Il se lève et s'approche de la paroi.

Je peux regarder ?

LE BOURREAU : Juste un coup d'œil, parce qu'il se fait tard.

Le Bourreau hausse les épaules et échange un clin d'œil avec la Voleuse.

LE JUGE, *après avoir regardé :* C'est illuminé. Éclatant... mais vide.

LE BOURREAU, *haussant les épaules :* Vide !

LE JUGE, *sur un ton encore plus familier :* Tu parais inquiet. Il y a du nouveau ?

LE BOURREAU : Cet après-midi, juste avant votre arrivée, trois points principaux sont tombés aux mains des révoltés. Ils avaient allumé plusieurs incendies : aucun pompier n'est sorti. Tout a flambé. Le Palais...

LE JUGE : Et le Préfet de Police ? Il se les roule, comme d'habitude ?

LA VOLEUSE : On est resté sans nouvelles de lui pendant quatre heures. S'il peut s'échapper, il viendra sûrement ici. On l'attend d'un moment à l'autre.

LE JUGE, *à la Voleuse, et s'asseyant :* En tout cas, qu'il n'espère pas franchir le pont de la Royade, il a sauté cette nuit.

LA VOLEUSE : On le savait. On a entendu l'explosion d'ici.

LE JUGE, *reprise du ton théâtral. Il lit dans le Code :* Enfin. Reprenons. Donc, profitant du sommeil des justes, profitant d'un sommeil d'une seconde, tu les dévalises, tu les dépouilles, tu les dérobes et les détrousses...

LA VOLEUSE : Non, monsieur le Juge, jamais...

LE BOURREAU : Je zèbre?

LA VOLEUSE, *dans un cri :* Arthur!

LE BOURREAU : Qu'est-ce qui te prend? Ne m'adresse pas la parole. Réponds à monsieur le Juge. Et moi, appelle-moi monsieur le Bourreau.

LA VOLEUSE : Oui, monsieur le Bourreau.

LE JUGE, *lisant :* Je reprends : as-tu volé?

LA VOLEUSE : Oui. Oui, monsieur le Juge.

LE JUGE, *lisant :* Bien. Maintenant réponds vite, et juste : qu'est-ce que tu as volé encore?

LA VOLEUSE : Du pain, parce que j'avais faim.

LE JUGE, *il se dresse et pose le livre :* Sublime! Fonction sublime! J'aurai à juger tout cela. Oh, petite, tu me réconcilies avec le monde. Juge! Je vais être juge de tes actes! C'est de moi que dépendent la pesée, l'équilibre. Le monde est une pomme, je la coupe en deux : les bons, les mauvais. Et tu acceptes, merci, tu acceptes d'être la mauvaise! *(Face au public.)* Sous vos yeux : rien dans les mains, rien dans les poches, enlever le pourri, et le jeter. Mais c'est une occupation douloureuse. S'il était prononcé avec sérieux, chaque jugement me coûterait la vie. C'est pourquoi je suis mort. J'habite cette région de l'exacte liberté. Roi des Enfers, ce que je pèse, ce sont des morts comme moi. C'est une morte comme moi.

LA VOLEUSE : Vous me faites peur, monsieur le Juge.

LE JUGE, *avec beaucoup d'emphase :* Tais-toi. Au fond des Enfers, je partage les humains qui s'y risquent. Une partie dans les flammes, l'autre dans l'ennui des champs d'asphodèles. Toi, voleuse, espionne, chienne, Minos te parle, Minos te pèse. *(Au Bourreau.)* Cerbère?

LE BOURREAU, *imitant le chien :* Houah, houah!

LE JUGE : Tu es beau! Et la vue d'une nouvelle victime t'embellit encore. *(Il lui retrousse les lèvres.)* Montre tes crocs? Terribles. Blancs.

> *Soudain, il paraît inquiet. A la Voleuse :*

Mais au moins, tu ne mens pas, ces vols, tu les as bien commis?

LE BOURREAU : Vous pouvez être tranquille. Il n'aurait pas fallu qu'elle s'avise de ne pas le faire. Je la traînerais plutôt.

LE JUGE : Je suis presque heureux. Continue. Qu'as-tu volé?

> *Soudain un crépitement de mitrailleuse.*

Ça n'en finira jamais. Pas un moment de repos.

LA VOLEUSE : Je vous l'ai dit : la révolte a gagné tous les quartiers Nord...

LE BOURREAU : Ta gueule!

LE JUGE, *irrité :* Vas-tu me répondre, oui ou non? Qu'as-tu volé encore? Où? Quand? Comment? Combien? Pourquoi? Pour qui? — Réponds.

LA VOLEUSE : Très souvent je suis entrée dans les maisons pendant l'absence des bonnes, en passant par l'escalier de service... Je volais dans les tiroirs, je cassais la tirelire des gosses. *(Elle cherche visiblement ses mots.)* Une fois, je me suis déguisée

en honnête femme. J'avais mis un costume tailleur
puce, un chapeau de paille noire avec des cerises,
une voilette, et une paire de souliers noirs — talon
bottier — alors, je suis entrée...

LE JUGE, *pressé :* Où? Où? Où? Où — où — où?
Où es-tu entrée?

> *Les* où *enfilés doivent à la fin donner :*
> Hou! Hou! Hou! *comme pour effrayer.*

LA VOLEUSE : Je ne sais plus, pardonnez-moi.

LE BOURREAU : Je cogne?

LE JUGE : Pas encore. *(A la Fille.)* Où es-tu
entrée? Dis-moi où? Où? Où? Où? Où? Hou!
Hou! Hou!...

LA VOLEUSE, *affolée :* Mais je vous jure, je ne sais
plus.

LE BOURREAU : Je cogne? Monsieur le Juge, je
cogne?

LE JUGE, *au Bourreau et s'approchant de lui :* Ah!
Ah! ton plaisir dépend de moi. Tu aimes cogner,
hein? Je t'approuve, Bourreau! Magistral tas de
viande, quartier de bidoche qu'une décision de moi
fait bouger! *(Il feint de se regarder dans le Bourreau.)* Miroir qui me glorifie! Image que je peux
toucher, je t'aime. Jamais je n'aurais la force ni
l'adresse pour laisser sur son dos des zébrures de
feu. D'ailleurs, que pourrais-je faire de tant de
force et d'adresse? *(Il le touche.)* Tu es là? Tu es
là, mon énorme bras, trop lourd pour moi, trop
gros, trop gras pour mon épaule et qui marche tout
seul à côté de moi! Bras, quintal de viande, sans toi
je ne serais rien... *(A la Voleuse.)* Sans toi non

plus, petite. Vous êtes mes deux compléments parfaits... Ah le joli trio que nous formons! *(A la Voleuse.)* Mais toi, tu as un privilège sur lui, sur moi aussi d'ailleurs, celui de l'antériorité. Mon être de juge est une émanation de ton être de voleuse. Il suffirait que tu refuses... mais ne t'en avise pas!... que tu refuses d'être qui tu es — ce que tu es, donc qui tu es — pour que je cesse d'être... et que je disparaisse, évaporé. Crevé. Volatilisé. Nié. D'où : le Bien issu du... Mais alors? Mais alors? Mais tu ne refuseras pas, n'est-ce pas? Tu ne refuseras pas d'être une voleuse? Ce serait mal. Ce serait criminel. Tu me priverais d'être! *(Implorant.)* Dis, mon petit, mon amour, tu ne refuseras pas?

LA VOLEUSE, *coquette :* Qui sait?

LE JUGE : Comment? Qu'est-ce que tu dis? Tu me refuserais? Dis-moi où? Et dis-moi encore ce que tu as volé?

LA VOLEUSE, *sèche, et se relevant :* Non.

LE JUGE : Dis-moi où? Ne sois pas cruelle...

LA VOLEUSE : Ne me tutoyez pas, voulez-vous?

LE JUGE : Mademoiselle... Madame. Je vous en prie. *(Il se jette à genoux.)* Voyez, je vous en supplie. Ne me laissez pas dans une pareille posture, attendant d'être juge? S'il n'y avait pas de juge, où irions-nous, mais s'il n'y avait pas de voleurs?

LA VOLEUSE, *ironique :* Et s'il n'y en avait pas?

LE JUGE · Ce serait terrible. Mais vous ne me jouerez pas un tour pareil, n'est-ce pas? Vous ne ferez pas qu'il n'y en ait pas? Comprends-moi bien : que tu te dissimules aussi longtemps que tu

le peux et que mes nerfs le supportent, derrière le
refus d'avouer, que malicieusement tu me fasses
languir, trépigner si tu veux, piaffer, baver, suer,
hennir d'impatience, ramper... car tu veux que je
rampe?

LE BOURREAU, *au Juge* : Rampez!

LE JUGE : Je suis fier!

LE BOURREAU, *menaçant* : Rampez!

> *Le juge, qui était à genoux, se couche à
> plat ventre et rampe doucement en direction
> de la Voleuse. A mesure qu'il avancera en
> rampant, la Voleuse reculera.*

Bien. Continuez.

LE JUGE, *à la Voleuse* : Que tu me fasses ramper
après mon être de juge, coquine, tu as bien raison,
mais si tu me le refusais définitivement, garce, ce
serait criminel...

LA VOLEUSE, *hautaine* : Appelez-moi madame et
réclamez poliment.

LE JUGE : J'aurai ce que je veux?

LA VOLEUSE, *coquette* : Ça coûte cher, de voler.

LE JUGE : Je paierai! Je paierai ce qu'il faudra,
madame. Mais si je n'avais plus à départager le
Bien d'avec le Mal, je servirais à quoi, je vous le
demande?

LA VOLEUSE : Je me le demande.

LE JUGE, *infiniment triste* : Tout à l'heure, j'allais
être Minos. Mon cerbère aboyait. (*Au Bourreau.*)
Tu te souviens? (*Le Bourreau interrompt le Juge en
faisant claquer son fouet.*) Comme tu étais cruel,
méchant! Bon! Et moi, impitoyable. J'allais emplir

les Enfers de damnés, emplir les prisons. Prisons!
Prisons! Prisons, cachots, lieux bénis où le mal est
impossible, puisqu'ils sont le carrefour de toute la
malédiction du monde. On ne peut pas commettre
le mal dans le mal. Or ce n'est pas condamner que
je désire surtout, c'est juger...

Il tente de se redresser.

LE BOURREAU : Rampez! Et dépêchez-vous, il faut
que j'aille m'habiller.

LE JUGE, *à la Fille :* Madame! Madame, acceptez,
je vous en prie. Je suis prêt à lécher avec ma langue
vos souliers, mais dites-moi que vous êtes une
voleuse...

LA VOLEUSE, *dans un cri :* Pas encore! Lèche!
Lèche! Lèche d'abord!

*La scène se déplace de gauche à droite,
comme à la fin du tableau précédent, et
s'enfonce dans la coulisse de droite. Au loin,
crépitement de mitrailleuse.*

TROISIÈME TABLEAU

DÉCOR

Trois paravents disposés comme les précédents, mais vert sombre. Le même lustre. Le même miroir qui reflète le lit défait. Sur un fauteuil un cheval dont se servent les danseurs folkloriques avec une petite jupe plissée. Dans la pièce, un monsieur, l'air timide. C'est le Général. Il a enlevé son veston, puis son chapeau melon et ses gants. Irma est près de lui.

LE GÉNÉRAL, *il montre le chapeau, la veste et les gants :* Qu'on ne laisse pas traîner ça.

IRMA : On va le plier, l'envelopper...

LE GÉNÉRAL : Qu'on le fasse disparaître.

IRMA : On va le ranger. Et même le brûler.

LE GÉNÉRAL : Oh oui, n'est-ce pas, j'aimerais qu'il brûle ! Comme les villes au crépuscule.

IRMA : Vous avez aperçu quelque chose en venant ?

LE GÉNÉRAL : J'ai couru des risques très graves. La population a fait sauter des barrages, et des quartiers entiers sont inondés. L'arsenal en particulier, de sorte que toutes les poudres sont mouillées. Et les armes rouillées. J'ai dû faire des détours assez grands — sans avoir toutefois buté contre un noyé.

IRMA : Je ne me permettrais pas de vous demander vos opinions. Chacun est libre et je ne fais pas de politique.

LE GÉNÉRAL : Parlons donc d'autre chose. Ce qui est important c'est : comment je quitterai cette maison. Il sera tard quand je sortirai...

IRMA : A propos de tard...

LE GÉNÉRAL : C'est juste.

> *Il cherche dans sa poche, retire des billets de banque, les compte et en donne à Irma. Elle les garde à la main.*

Donc, quand je sortirai, je ne tiens pas à me faire dégringoler dans le noir. Car, naturellement, il n'y aura personne pour me raccompagner?

IRMA : Je crois que non, hélas. Arthur n'est pas libre.

> *Un long silence.*

LE GÉNÉRAL, *impatient soudain* : Mais... elle ne vient pas?

IRMA : Je ne sais pas ce qu'elle fait. J'avais bien recommandé que tout soit prêt à votre arrivée. Il y a déjà le cheval... Je vais sonner.

LE GÉNÉRAL : Laissez, je m'en charge. *(Il sonne, en appuyant sur un bouton.)* J'aime sonner! Ça, c'est autoritaire. Ah, sonner la charge!

IRMA : Tout à l'heure, mon général. Oh, pardon,

voici que je vous donne votre grade... Tout à l'heure vous allez...

LE GÉNÉRAL : Chut ! N'en parlez pas.

IRMA : Vous avez une force, une jeunesse ! une pétulance !

LE GÉNÉRAL : Et des éperons : aurai-je des éperons ? J'avais dit qu'on les fixe à mes bottes. Des bottes acajou, n'est-ce pas ?

IRMA : Oui, mon général. Acajou. Et vernies.

LE GÉNÉRAL : Vernies, soit, mais avec de la boue ?

IRMA : De la boue et, peut-être, un peu de sang. J'ai fait préparer les décorations.

LE GÉNÉRAL : Authentiques ?

IRMA : Authentiques.

> *Soudain un long cri de femme.*

LE GÉNÉRAL : Qu'est-ce que c'est ?

> *Il veut s'approcher de la paroi de droite et déjà se baisse pour regarder, mais Irma intervient.*

IRMA : Rien. Il y a toujours des gestes inconsidérés, de part et d'autre.

LE GÉNÉRAL : Mais ce cri ? Un cri de femme. Un appel au secours peut-être ? Mon sang qui bout ne fait qu'un tour... Je m'élance...

IRMA, *glaciale* : Pas d'histoires ici, calmez-vous. Pour le moment, vous êtes en civil.

LE GÉNÉRAL : C'est juste.

> *Nouveau cri de femme.*

C'est tout de même troublant. En plus, ce sera gênant.

IRMA : Mais que fait-elle ?

> *Elle va pour sonner, mais par la porte du fond entre une jeune femme très belle, rousse, les cheveux dénoués, épars. Sa gorge est presque nue. Elle n'a qu'un corset noir, des bas noirs et des souliers à talons très hauts. Elle tient un uniforme complet de général, plus l'épée, le bicorne et les bottes.*

LE GÉNÉRAL, *sévère :* Vous voici tout de même ? Avec une demi-heure de retard. C'est plus qu'il n'en faut pour perdre une bataille.

IRMA : Elle se rachètera, mon général. Je la connais

LE GÉNÉRAL, *regardant les bottes :* Et le sang ? Je ne vois pas le sang ?

IRMA : Il a séché. N'oubliez pas que c'est le sang de vos batailles d'autrefois. Bon. Je vous laisse. Vous n'avez besoin de rien ?

LE GÉNÉRAL, *regardant à droite et à gauche :* Vous oubliez...

IRMA : Mon Dieu ! J'oubliais, en effet.

> *Elle pose sur la chaise les serviettes qu'elle portait sur le bras. Puis elle sort par le fond. Le Général va à la porte, puis il la ferme à clé. Mais à peine la porte est-elle fermée qu'on y entend frapper. La Fille va ouvrir. Derrière, et légèrement en retrait, le Bourreau, en sueur, s'essuyant avec une serviette.*

LE BOURREAU : Madame Irma n'est pas là ?

LA FILLE, *sèche :* Dans la Roseraie. *(Se reprenant.)* Pardon, dans la Chapelle Ardente.

Elle ferme la porte.

LE GÉNÉRAL, *agacé :* J'aurai la paix, j'espère. Et tu es en retard, qu'est-ce que tu foutais? On ne t'avait pas donné ton sac d'avoine? Tu souris? Tu souris à ton cavalier? Tu reconnais sa main, douce et ferme? *(Il la flatte.)* Mon fier coursier! Ma belle jument, avec toi nous en avons gagné des galops!

LA FILLE : Et ce n'est pas fini! Mes sabots bien ferrés, de mes pattes nerveuses, je veux arpenter le monde. Retirez votre pantalon et vos souliers, que je vous habille.

LE GÉNÉRAL, *il a pris la badine :* Oui, mais d'abord, à genoux! A genoux! Allons, allons, plie tes jarrets, plie...

> *La fille se cabre, fait entendre un hennisse-ment de plaisir et s'agenouille comme un cheval de cirque, devant le Général.*

Bravo! Bravo, Colombe! Tu n'as rien oublié. Et maintenant, tu vas m'aider et répondre à mes questions. C'est tout à fait dans l'ordre qu'une bonne pouliche aide son maître à se déboutonner, à se déganter, et qu'elle lui réponde du tac au tac. Donc, commence par dénouer mes lacets.

> *Pendant toute la scène qui va suivre, la Fille va aider le Général à se déshabiller, puis à s'habiller en général. Lorsque celui-ci sera complètement habillé, l'on s'apercevra qu'il a pris des proportions gigantesques, grâce à un trucage de théâtre : patins invisibles, épaules élargies, visage maquillé à l'extrême.*

LA FILLE : Toujours le pied gauche enflé?

LE GÉNÉRAL : Oui. C'est le pied du départ. C'est celui qui trépigne. Comme ton sabot quand tu encenses.

LA FILLE : Qu'est-ce que je fais? Déboutonnez-vous.

LE GÉNÉRAL : Es-tu cheval ou illettrée? Si tu es cheval, tu encenses. Aide-moi. Tire. Tire moins fort, voyons, tu n'es pas cheval de labour.

LA FILLE : Je fais ce que je dois.

LE GÉNÉRAL : Tu te révoltes? Déjà? Attends que je sois prêt. Quand je te passerai le mors dans la gueule...

LA FILLE : Oh non, pas ça.

LE GÉNÉRAL : Un général, se faire rappeler à l'ordre par son cheval! Tu auras le mors, la bride, le harnais, la sous-ventrière, et botté, casqué, je cravache et je fonce!

LA FILLE : Le mors, c'est terrible. Ça fait saigner les gencives et la commissure des lèvres. Je vais baver du sang.

LE GÉNÉRAL : Écumer rose et péter du feu! Mais quel galop! Parmi les champs de seigle, dans la luzerne, sur les prés, les chemins poudreux, sur les monts, couchés ou debout, de l'aurore au crépuscule et du crépuscule...

LA FILLE : Rentrez la chemise. Tirez les bretelles. Ce n'est pas rien d'habiller un général vainqueur et qu'on enterre. Vous voulez le sabre?

LE GÉNÉRAL : Comme celui de Lafayette, qu'il demeure sur la table. Bien en évidence, mais cache

les vêtements. Où, je ne sais pas moi, il doit bien y
avoir une cachette prévue quelque part?

> *La Fille fait un paquet des vêtements et les*
> *cache derrière le fauteuil.*

La tunique? Bien. Il y a toutes les médailles?
Compte.

LA FILLE, *après avoir compté, très vite :* Toutes,
mon général.

LE GÉNÉRAL : Et la guerre? Où est la guerre?

LA FILLE, *très douce :* Elle approche, mon général.
C'est le soir sur un champ de pommiers. Le ciel est
calme et rose. Une paix soudaine — la plainte des
colombes — précédant les combats, baigne la terre.
Il fait très doux. Une pomme est tombée dans
l'herbe. C'est une pomme de pin. Les choses
retiennent leur souffle. La guerre est déclarée. Il
fait bon...

LE GÉNÉRAL : Mais soudain?

LA FILLE : Nous sommes au bord du pré. Je me
retiens de ruer, de hennir. Ta cuisse est tiède et
tu presses mon flanc. La mort...

LE GÉNÉRAL : Mais soudain?...

LA FILLE : La mort est attentive. Un doigt sur sa
bouche, c'est elle qui invite au silence. Une bonté
ultime éclaire les choses. Toi-même tu n'es plus
attentif à ma présence,..

LE GÉNÉRAL : Mais soudain?...

LA FILLE : Boutonnez-vous tout seul, mon géné
ral. L'eau était immobile sur les étangs Le vent
lui-même attendait un ordre pour gonfler les
drapeaux...

LE GÉNÉRAL : Mais soudain?...

LA FILLE : Soudain? Hein? Soudain? *(Elle semble chercher ses mots.)* Ah, oui, soudain, ce fut le fer et le feu! Les veuves! Il fallut tisser des kilomètres de crêpe pour le mettre aux étendards. Sous leurs voiles, les mères et les épouses gardaient les yeux secs. Les cloches dégringolaient des clochers bombardés. Au détour d'une rue, un linge bleu m'effraya! Je me cabrai, mais domptée par ta douce et lourde main, mon tremblement cessa. Je repris l'amble. Comme je t'aimais, mon héros!

LE GÉNÉRAL : Mais... les morts? N'y avait-il pas de morts?

LA FILLE : Les soldats mouraient en baisant l'étendard. Tu n'étais que victoires et bontés. Un soir, rappelle-toi...

LE GÉNÉRAL : J'étais si doux, que je me mis à neiger. A neiger sur mes hommes, à les enliser sous le plus tendre des linceuls. A neiger? Bérézina!

LA FILLE : Les éclats d'obus avaient coupé les citrons. Enfin, la mort était active. Agile, elle allait de l'un à l'autre, creusant une plaie, éteignant un œil, arrachant un bras, ouvrant une artère, plombant un visage, coupant net un cri, un chant, la mort n'en pouvait plus. Enfin, épuisée, elle-même morte de fatigue, elle s'assoupit, légère sur tes épaules. Elle s'y est endormie.

LE GÉNÉRAL, *ivre de joie* : Arrête, arrête, ce n'est pas encore le moment, mais je sens que ce sera magnifique. Le baudrier? Parfait!

Il se regarde dans la glace.

Wagram! Général! Homme de guerre et de parade, me voici dans ma pure apparence. Rien, je ne traîne derrière moi aucun contingent. Simplement, j'apparais. Si j'ai traversé des guerres sans mourir, traversé les misères, sans mourir, si j'ai monté les grades, sans mourir, c'était pour cette minute proche de la mort.

> *Tout à coup il s'arrête, une idée semble l'inquiéter.*

Dis-moi, Colombe?

LA FILLE : Oui, monsieur?

LE GÉNÉRAL : Le Préfet de Police, où en est-il? *(La Fille fait avec la tête le signe non.)* Rien? Toujours rien? En somme, tout lui pète entre les mains. Et nous, nous perdons notre temps?

LA FILLE, *impérieuse :* Pas du tout. Et de toute façon ça ne nous regarde pas. Continuez. Vous disiez : pour cette minute proche de la mort... ensuite?

LE GÉNÉRAL, *hésitant :* ...proche de la mort... où je ne serai rien, mais reflétée à l'infini dans ces miroirs, que mon image... Tu as raison, peigne ta crinière. Étrille-toi. J'exige une pouliche bien habillée. Donc, tout à l'heure, à l'appel des trompettes, nous allons descendre — moi te chevauchant — vers la gloire et la mort, car je vais mourir. C'est bien d'une descente au tombeau qu'il s'agit...

LA FILLE : Mais, mon général, vous êtes mort depuis hier.

LE GÉNÉRAL : Je sais... mais d'une descente

solennelle, et pittoresque, par d'inattendus escaliers...

LA FILLE : Vous êtes un général mort, mais éloquent.

LE GÉNÉRAL : Parce que mort, cheval bavard. Ce qui parle, et d'une voix si belle, c'est l'Exemple. Je ne suis plus que l'image de celui que je fus. A toi, maintenant. Tu vas baisser la tête et te cacher les yeux, car je veux être général dans la solitude. Pas même pour moi, mais pour mon image, et mon image pour son image, et ainsi de suite. Bref, nous serons entre égaux. Colombe, tu es prête ?

> *La Fille hoche la tête.*

Alors, viens. Passe ta robe baie, cheval, mon beau genet d'Espagne.

> *Le Général lui passe le cheval de jeu par-dessus la tête. Puis il fait claquer sa cravache.*

Salut ! *(Il salue son image dans le miroir.)* Adieu, mon général !

> *Puis il s'allonge dans le fauteuil, les pieds posés sur la chaise, et salue le public, en se tenant aussi rigide qu'un cadavre. La Fille se place devant la chaise et, sur place, esquisse les mouvements d'un cheval en marche.*

LA FILLE, *solennelle et triste* : Le défilé est commencé... Nous traversons la ville... Nous longeons le fleuve. Je suis triste... Le ciel est bas. Le peuple pleure un si beau héros mort à la guerre...

LE GÉNÉRAL, *sursautant* : Colombe !

LA FILLE, *se détournant, en pleurs :* Mon général?

LE GÉNÉRAL : Ajoute que je suis mort debout!

> *Puis il reprend sa pose.*

LA FILLE : Mon héros est mort debout! Le défilé continue. Tes officiers d'ordonnance me précèdent... Puis me voici, moi, Colombe, ton cheval de bataille... La musique militaire joue une marche funèbre...

> *La Fille chante — en marchant immobile — la* Marche funèbre *de Chopin, qu'un orchestre invisible, avec cuivres, continue.*
>
> *Au loin, crépitement de mitrailleuse.*
>
> *Le metteur en scène a pu accrocher des rênes qui relient les épaules de la Fille au fauteuil à roulettes, où s'est couché le Général, de telle façon que cet équipage pourra quitter la scène, la Fille tirant le fauteuil.*

QUATRIÈME TABLEAU

DÉCOR

C'est une chambre dont les trois panneaux visibles sont trois miroirs où se reflète un petit Vieux vêtu en clochard, mais bien peigné, immobile au milieu de la pièce.

Près de lui, indifférente, une très belle fille rousse. Corselet de cuir, bottes de cuir. Cuisses nues, et belles. Veste de fourrure. Elle attend. Le petit Vieux aussi. Il est impatient, nerveux. La Fille immobile.

Le petit Vieux enlève ses gants troués en tremblant. Il retire de sa poche un mouchoir blanc et s'éponge. Il enlève ses lunettes. Il les plie et les met dans un étui, puis l'étui dans sa poche.

Il s'essuie les mains avec son mouchoir.

Tous les gestes du petit Vieux se reflètent dans les trois miroirs. (Il faut donc trois acteurs tenant les rôles de reflets.)

Enfin, trois coups sont frappés à la porte du fond.

La Fille rousse s'en approche. Elle dit : « Oui. »

La porte s'ouvre un peu et par l'entrebâillement passent la main et le bras d'Irma, qui tient un martinet et une perruque très sale, hirsute.

La Fille les prend. La porte se referme.

Le visage du petit Vieux s'illumine.

La Fille rousse a un air exagérément altier et cruel. Elle lui colle la perruque sur la tête, brutalement.

Le petit Vieux sort de sa poche un petit bouquet de fleurs artificielles. Il le tient comme s'il allait l'offrir à la Fille qui le cravache et le lui arrache d'un coup de martinet.

Le visage du petit Vieux est illuminé de douceur.

Tout près, un crépitement de mitrailleuse.

Le petit Vieux touche sa perruque :

LE VIEUX : Et les poux?

LA FILLE, *très vache :* Y en a.

CINQUIÈME TABLEAU

DÉCOR

La chambre d'Irma. Très élégante. C'est la chambre même qu'on voyait reflétée dans les miroirs aux trois premiers tableaux. Le même lustre. Grandes guipures tombant des cintres. Trois fauteuils.

Grande baie à gauche, près de laquelle se trouve un appareil à l'aide duquel Irma peut voir ce qui se passe dans ses salons.

Porte à droite. Porte à gauche.

Elle fait ses comptes, assise à sa coiffeuse.

Près d'elle une fille : Carmen.

Un crépitement de mitrailleuse.

CARMEN, *comptant :* L'Évêque... deux mille... deux mille du Juge... *(Elle relève la tête.)* Non, madame, toujours rien. Pas de Préfet de Police.

IRMA, *agacée :* Il va nous arriver, s'il arrive... dans une de ces colères! Et pourtant...

CARMEN : Comme vous dites : il faut de tout pour faire un monde. Mais pas de Chef de la Police. *(Elle recompte.)* Deux mille du Général... deux du matelot... trois du morveux...

IRMA : Je vous l'ai dit, Carmen, pas ça, je n'aime pas ça. J'exige le respect des visiteurs. Vi-si-teurs! Je ne me permets même pas, moi *(Elle appuie sur ce mot.)* même pas de dire les clients. Et pourtant...

> *Elle fait claquer d'une façon poisse les billets de mille neufs, qu'elle tient dans sa main.*

CARMEN, *dure. Elle s'est retournée et fixe Irma* Pour vous oui : le fric et les raffinements!

IRMA, *elle se veut conciliante :* Tes yeux! Sois pas injuste. Depuis quelque temps tu es irritable. Les événements nous mettent les nerfs à bout, mais ça va se calmer. Le beau va se lever. Monsieur Georges...

CARMEN, *même ton que tout à l'heure :* Ah, celui-là!

IRMA : Ne dis rien contre le Chef de la Police. Sans lui nous serions dans de beaux draps. Oui, nous, car tu es liée à moi. Et à lui. *(Long silence.)* C'est surtout ta tristesse qui m'inquiète. *(Docte.)* Tu es changée, Carmen. Et dès avant les débuts de la révolte...

CARMEN : Je n'ai plus grand-chose à faire chez vous, madame Irma.

IRMA, *déconcertée :* Mais... Je t'ai confié ma comptabilité. Tu t'installes à mon bureau, et soudain, ma vie tout entière s'ouvre devant toi. Je n'ai plus de secrets, et tu n'es pas heureuse?

CARMEN : Naturellement, je vous remercie de votre confiance mais... ce n'est pas la même chose.

IRMA : « Ça » te manque? *(Silence de Carmen.)*

Voyons, Carmen, quand tu montais sur le rocher couvert de neige et d'un rosier fleuri en papier jaune — que je vais devoir remiser à la cave, du reste — et que le miraculé s'évanouissait à ton apparition, tu ne te prenais pas au sérieux? Dis, Carmen?

Léger silence.

CARMEN : Sorties de nos séances, vous ne permettez jamais qu'on en parle, madame Irma. Vous ne savez donc rien de nos vrais sentiments. Vous observez tout ça de loin, patronne, mais si une seule fois vous mettiez la robe et le voile bleu, ou si vous étiez la pénitente dégrafée, ou la jument du Général, ou la paysanne culbutée dans la paille...

IRMA, *choquée :* Moi!

CARMEN : Ou la soubrette en tablier rose, ou l'archiduchesse dépucelée par le gendarme, ou... enfin, je ne vais pas vous énumérer la nomenclature, vous sauriez ce que cela laisse dans l'âme, et qu'il faut bien qu'on s'en défasse avec un peu d'ironie. Mais vous ne voulez même pas qu'on en parle entre nous. Vous avez peur d'un sourire, d'une blague.

IRMA, *très sévère :* Je n'accorde pas qu'on blague, en effet. Un éclat de rire, ou même un sourire fout tout par terre. S'il y a sourire, il y a doute. Les clients veulent des cérémonies graves. Avec soupirs. Ma maison est un lieu sévère. Je vous permets le jeu de cartes.

CARMEN : Ne vous étonnez pas de notre tristesse.

(Un temps.) Enfin, je songe à ma fille et alors j'ai le hoquet.

> *Irma se lève, car on a entendu une sonnerie, et va à ce curieux meuble placé à gauche, espèce de combiné muni d'un viseur, d'un écouteur, et d'un grand nombre de manettes. Tout en parlant, elle regarde, l'œil au viseur, après avoir abaissé une manette.*

IRMA, *sans regarder Carmen :* Chaque fois que je te pose une question un peu intime, ton visage se boucle, et tu m'expédies ta fille en pleine gueule. Tu tiens toujours à aller la voir ? Mais idiote, entre la maison et la campagne de ta nourrice il y a le feu, l'eau, la révolte et le fer. Je me demande même si...

> *Nouvelle sonnerie. Madame Irma relève la manette et en abat une autre...*

... si monsieur Georges ne s'est pas fait descendre en route. Quoiqu'un chef de la police sache se protéger. Il est malin, mon Jojo !

> *Elle regarde l'heure à une montre tirée de son corsage.*

Il est en retard. *(Elle paraît inquiète.)* Ou bien il n'a pas osé sortir. Il est malin et trouillard.

CARMEN : Pour arriver dans vos salons, ces Messieurs traversent la mitraille sans crainte, moi, pour voir ma fille...

IRMA : Sans crainte ? Avec une trouille qui les excite. La narine béante, derrière le mur de feu et de fer ils reniflent l'orgie. Reprenons nos comptes, veux-tu ?

CARMEN, *après un silence :* En tout, si je compte le matelot et les passes simples, ça fait trente-deux mille.

IRMA : Plus on tue dans les faubourgs, plus les hommes se coulent dans mes salons..

CARMEN : Les hommes ?

IRMA, *après un silence :* Certains. Appelés par mes miroirs et mes lustres, toujours les mêmes. Pour les autres, l'héroïsme remplace la femme.

CARMEN, *amère :* La femme ?

IRMA : Comment vous nommerai-je, mes grandes, mes longues stériles ? Ils ne vous fécondent jamais, et pourtant... si vous n'étiez pas là ?

CARMEN, *elle est à la fois admirative et obséquieuse :* Vous avez vos fêtes, madame Irma.

IRMA : Ma tristesse, ma mélancolie viennent de ce jeu glacial. Heureusement j'ai mes bijoux. Bien en danger, d'ailleurs. *(Rêveuse.)* J'ai mes fêtes... et toi, les orgies de ton cœur...

CARMEN : ... n'arrangent pas les choses, patronne. Ma fille m'aime.

IRMA, *elle est très didactique, ici :* Tu es la princesse lointaine qui vient la voir avec des jouets et des parfums. Elle te place au Ciel. *(Riant aux éclats.)* Ah, ça c'est trop fort, enfin, pour quelqu'un, mon bordel, c'est-à-dire l'Enfer, est le Ciel ! C'est le Ciel pour ta gosse ! *(Elle rit.)* Plus tard, tu en feras une putain ?

CARMEN : Madame Irma !

IRMA : C'est juste. Je dois te laisser à ton bordel secret, ton claque précieux et rose, à ton boxon sentimental... Tu me crois cruelle? A moi aussi cette révolte a détraqué les nerfs. Sans que tu t'en rendes compte, je passe par des périodes de peur, de panique... Il me semble que la révolte n'a pas pour but la prise du Palais Royal mais le saccage de mes salons. J'ai peur, Carmen. Pourtant, j'ai tout essayé, même la prière. *(Elle sourit péniblement.)* Comme ton miraculé. Je te blesse?

CARMEN, *décidée :* Deux fois par semaine, le mardi et le vendredi, Immaculée Conception de Lourdes, j'ai dû apparaître à un comptable du Crédit Lyonnais. Pour vous, c'était de l'argent dans la caisse et la justification du bordel, pour moi c'était...

IRMA, *étonnée :* Tu as accepté. Tu n'en paraissais pas fâchée?

CARMEN : J'étais heureuse.

IRMA : Alors? Où est le mal?

CARMEN : J'ai vu mon action sur mon comptable. J'ai vu ses transes, ses sueurs, j'ai entendu ses râles...

IRMA : Assez. Il ne vient plus. Je me demande pourquoi, d'ailleurs? Le danger peut-être, ou sa femme au courant? *(Un temps.)* Ou il est mort. Occupe-toi de mes additions.

CARMEN : Votre comptabilité ne remplacera jamais mon apparition. C'était devenu aussi vrai qu'à Lourdes. Maintenant, tout en moi se tourne vers ma fille, madame Irma. Elle est dans un vrai jardin...

IRMA : Tu ne pourras pas aller la rejoindre et d'ici peu le jardin sera dans ton cœur.

CARMEN : Taisez-vous!

IRMA, *inexorable* : La ville est pleine de cadavres.
Tous les chemins sont coupés. La révolte gagne
aussi les paysans. On se demande pourquoi d'ailleurs. La contagion? La révolte est une épidémie.
Elle en a le caractère fatal et sacré. Quoi qu'il en
soit, nous allons nous trouver de plus en plus isolés.
Les révoltés en veulent au Clergé, à l'Armée, à la
Magistrature, à moi, Irma, mère maquerelle et
patronne de boxon. Toi, tu seras tuée, éventrée, et
ta fille adoptée par un vertueux rebelle. Et nous y
passerons tous. *(Elle frissonne.)*

> *Soudain une sonnerie. Irma court à l'ap-*
> *pareil, regarde et écoute comme tout à*
> *l'heure.*

Salon 24, nommé salon des Sables. Qu'est-ce qui
ne va pas?

> *Elle regarde, attentive. Long silence.*

CARMEN, *elle s'était assise à la coiffeuse d'Irma et*
reprenait les comptes. Sans lever la tête : La Légion?

IRMA, *l'œil toujours collé au dispositif* : Oui. C'est
le Légionnaire héroïque qui tombe dans les sables.
Et Rachel lui a expédié une fléchette sur l'oreille,
l'idiote. Il risquait d'être défiguré. Quelle idée,
aussi, de se faire viser comme par un Arabe et
de mourir — si l'on peut dire! — au garde-à-vous
sur un tas de sable!

> *Un silence. Elle regarde attentivement.*

An, Rachel le soigne. Elle lui prépare un
pansement et il a l'air heureux *(Très intéressée.)*

Tiens, mais ça paraît lui plaire. J'ai l'impression qu'il voudrait modifier le scénario et qu'à partir d'aujourd'hui il va mourir à l'hôpital militaire, bordé par une infirmière... Nouvel uniforme à acheter. Toujours des frais. *(Soudain inquiète.)* Oh, mais ça ne me plaît pas. Pas du tout. Rachel m'inquiète de plus en plus. Qu'elle n'aille pas me jouer le même tour que Chantal, surtout. *(Se retournant, à Carmen.)* A propos, pas de nouvelles de Chantal?

CARMEN : Aucune.

IRMA, *elle reprend l'appareil :* Et cet appareil qui marche mal! Qu'est-ce qu'il lui dit? Il explique... elle écoute... elle comprend. J'ai peur qu'il comprenne aussi.

> *Nouvelle sonnerie. Elle appuie sur une autre manette et regarde.*

Fausse alerte. C'est le plombier qui s'en va.

CARMEN : Lequel?

IRMA : Le vrai.

CARMEN : Lequel est le vrai?

IRMA : Celui qui répare les robinets.

CARMEN : L'autre est faux?

IRMA, *elle hausse les épaules elle appuie sur la première manette :* Ah, c'est bien ce que je disais : les trois ou quatre gouttes de sang de son oreille l'ont inspiré. Maintenant, il se fait dorloter. Demain matin, il sera d'aplomb pour aller à son ambassade.

CARMEN : Il est marié, n'est-ce pas?

IRMA : En principe, je n'aime pas parler de la vie

privée de mes visiteurs. Dans le monde entier, on connaît *le Grand Balcon*. C'est la plus savante, mais la plus honnête maison d'illusions...

CARMEN : Honnête?

IRMA : Discrète. Mais autant parler franc avec toi, indiscrète : ils sont presque tous mariés.

                                   Un silence.

CARMEN, *pensive* . Lorsqu'ils sont avec leurs femmes, dans leur amour pour elles, gardent-ils leur fête, très réduite, minuscule, dans un bordel...

IRMA, *la rappelant à l'ordre :* Carmen!

CARMEN : Excusez-moi, madame... dans une maison d'illusions. Je disais : gardent-ils leur fête dans une maison d'illusions, minuscule, loin, loin au fond de leur tête, mais présente?

IRMA : C'est possible, mon petit. Elle doit y être. Comme un lampion restant d'un 14-Juillet, attendant l'autre, ou, si tu veux, comme une lumière imperceptible à la fenêtre imperceptible d'un imperceptible château qu'ils peuvent en un éclair agrandir pour venir s'y reposer. *(Crépitement de mitrailleuse.* Tu les entends? Ils approchent. Ils cherchent à m'abattre

CARMEN, *continuant sa pensée* Pourtant, il doit faire bon dans une vraie maison?

IRMA, *toujours plus effrayée :* Ils vont réussir à cerner le boxon avant l'arrivée de M. Georges... Un fait est à retenir — si on en réchappe — c'est que les murs ne sont pas suffisamment capitonnés, les fenêtres mal calfeutrées. On entend tout ce qui se passe dans la rue. Dans la rue, on doit donc entendre ce qui se passe dans la maison...

CARMEN, *toujours pensive* : Dans une vraie maison, il doit faire bon...

IRMA : Va savoir. Mais, Carmen, mais si mes filles se mêlent d'avoir de pareilles idées, mais c'est la ruine du bordel. Je crois, en effet, que ton apparition te manque. Écoute, je peux faire quelque chose pour toi. Je l'avais promis à Régine, mais je te l'offre. Si tu veux, naturellement. Hier, on m'a réclamé, par téléphone, une sainte Thérèse... *(Silence.)* Ah! évidemment, de l'Immaculée Conception à sainte Thérèse, c'est une dégringolade, mais ce n'est pas mal non plus... *(Silence.)* Tu ne dis rien? C'est pour un banquier. Très propre, tu sais. Pas exigeant. Je te l'offre. Si les révoltés sont écrasés, naturellement.

CARMEN : J'aimais ma robe, mon voile et mon rosier.

IRMA : Dans le « Sainte Thérèse » aussi il y a un rosier. Réfléchis.

Silence.

CARMEN : Et ce sera quoi, le détail authentique?

IRMA : L'anneau. Car il a tout prévu. L'anneau de mariage. Tu sais qu'épouse de Dieu, chaque religieuse porte une alliance.

Geste d'étonnement de Carmen.

Oui. C'est à cela qu'il saura qu'il a affaire à une vraie religieuse.

CARMEN : Et le détail faux?

IRMA : C'est presque toujours le même : dentelles

noires sous la jupe de bure. Alors, tu acceptes ? Tu as la douceur qu'il aime, il sera content.

CARMEN : Vous êtes vraiment bonne de penser à lui.

IRMA : Je pense à toi.

CARMEN : Que vous êtes bonne, je le disais sans ironie, madame Irma. Votre maison a pour elle d'apporter la consolation. Vous montez et préparez leurs théâtres clandestins... Vous êtes sur terre. La preuve, c'est que vous empochez. Eux... leur réveil doit être brutal. A peine fini, il faut tout recommencer.

IRMA : Heureusement pour moi.

CARMEN : ... Tout recommencer, et toujours la même aventure. Dont ils voudraient ne jamais sortir.

IRMA : Tu n'y comprends rien. Je le vois à leurs yeux : après ils ont l'esprit clair. Tout à coup, ils comprennent les mathématiques. Ils aiment leurs enfants et leur patrie. Comme toi.

CARMEN, *se rengorgeant :* Fille d'officier supérieur...

IRMA : Je sais. Il en faut toujours une au bordel. Mais dis-toi que Général, Évêque et Juge sont dans la vie...

CARMEN : Desquels parlez-vous ?

IRMA : Des vrais.

CARMEN : Lesquels sont vrais ? Ceux de chez nous ?

IRMA : Les autres. Ils sont dans la vie, supports d'une parade qu'ils doivent traîner dans la boue du réel et du quotidien. Ici la Comédie, l'Apparence se gardent pures, la Fête intacte.

CARMEN : Les fêtes que je m'offre...

IRMA, *l'interrompant :* Je les connais : c'est l'oubli des leurs.

CARMEN : Vous me le reprochez?

IRMA : Les leurs sont l'oubli des tiennes. Ils aiment aussi leurs enfants. Après.

> *Nouvelle sonnerie, comme les précédentes. Irma, qui était toujours assise près de l'appareil se retourne, colle son œil au viseur et approche l'écouteur de son oreille. Carmen se remet à ses comptes.*

CARMEN, *sans lever la tête :* Monsieur le Chef de la Police?

IRMA, *décrivant la scène :* Non. Le garçon de restaurant qui vient d'arriver. Il va encore rouspéter... ça y est, il se met en colère parce qu'Élyane lui présente un tablier blanc.

CARMEN : Je vous avais prévenue, il le veut rose.

IRMA : Tu iras au bazar demain, s'il est ouvert. Tu achèteras aussi un plumeau pour l'employé de la S.N.C.F. Un plumeau vert.

CARMEN : Pourvu qu'Élyane n'oublie pas de laisser tomber le pourboire par terre. Il exige une vraie révolte. Et des verres sales.

IRMA : Ils veulent tous que tout soit le plus vrai possible... Moins quelque chose d'indéfinissable, qui fera que ce n'est pas vrai. *(Avec changement de ton.)* Carmen, c'est moi qui ai décidé de nommer mon établissement une maison d'illusions, mais je

n'en suis que la directrice, et chacun, quand il
sonne, entre, y apporte son scénario parfaitement
réglé. Il me reste à louer la salle et à fournir les
accessoires, les acteurs et les actrices. Ma fille, j'ai
réussi à la détacher de terre — tu vois ce que je
veux dire? Je lui ai donné depuis longtemps le coup
d'envoi et elle vole. J'ai coupé les amarres. Elle
vole. Ou si tu veux, elle vogue dans le ciel où elle
m'emporte avec elle, eh bien mon chéri... — tu me
permets quelques mots de tendresse — chaque
dame de claque a toujours, traditionnellement, un
léger penchant pour l'une de ses demoiselles...

CARMEN : Je m'en étais aperçue, madame. Et moi
aussi, quelquefois...

> *Elle regarde d'une façon languide madame
> Irma.*

IRMA, *elle se lève et la regarde :* Je suis troublée,
Carmen. *(Long silence.)* Mais reprenons. Mon
chéri, la maison décolle vraiment, quitte la terre,
vogue au ciel quand je me nomme, dans le secret de
mon cœur, mais avec une grande précision, une
tenancière de boxon. Chérie, quand, secrètement,
dans le silence je me répète en silence : « Tu es une
mère maquerelle, une patronne de claque et de
bouic, chérie, tout *(Soudain lyrique.)* tout s'envole : lustres, miroirs, tapis, pianos, cariatides et mes
salons, mes célèbres salons : le salon dit des Foins,
tendu de scènes rustiques, le salon des Tortures,
éclaboussé de sang et de larmes, le salon-salle du
Trône drapé de velours fleurdelysé, le salon des
Miroirs, le salon d'Apparat, le salon des Jets d'eaux

parfumées, le salon Urinoir, le salon d'Amphitrite,
le salon Clair de Lune, tout s'envole : salons. —
Ah! j'oubliais le salon des Mendiants, des Clo-
chards, où la crasse et la misère sont magnifiées. Je
reprends : salons, filles... *(Elle se ravise.)* Ah!
j'oubliais : le plus beau de tous, parure définitive,
couronne de l'édifice — si sa construction est un
jour achevée —, je parle du salon funéraire orné
d'urnes de marbre, mon salon de la Mort solennelle, le Tombeau! Le salon Mausolée... Je
reprends : salons, filles, cristaux, dentelles, balcon,
tout fout le camp, s'élève et m'emporte!

> *Long silence. Les deux femmes sont immo-
> biles, debout, l'une devant l'autre.*

CARMEN : Comme vous parlez bien.

IRMA, *modeste :* J'ai poussé jusqu'au brevet.

CARMEN : Je l'avais compris. Mon père, le colonel
d'artillerie...

IRMA, *rectifiant avec sévérité :* De cavalerie, ma
chère.

CARMEN : Pardon. C'est juste. Le colonel de
cavalerie voulait me faire donner de l'instruction.
Hélas!... Vous, vous avez réussi. Autour de votre
belle personne vous avez pu organiser un théâtre
fastueux, une fête dont les splendeurs vous enveloppent, vous dissimulent au monde. A votre
putanisme il fallait cet apparat. Et moi, je n'aurais
que moi et je ne serais que moi-même? Non,
madame. Aidée par le vice et la misère des
hommes, moi aussi j'ai eu mon heure de gloire!
D'ici, l'écouteur à l'oreille et le viseur à l'œil, vous

pouviez me voir dressée, à la fois souveraine et
bonne, maternelle et si féminine, mon talon posé
sur le serpent en carton et les roses en papier rose,
vous pouviez apercevoir aussi le comptable du
Crédit Lyonnais à genoux devant moi, et s'éva-
nouissant à mon apparition, hélas, il vous tournait
le dos, et vous n'avez pas connu ni son regard
d'extase, ni les battements affolés de mon cœur.
Mon voile bleu, ma robe bleue, mon tablier bleu,
mon œil bleu...

IRMA : Tabac!

CARMEN : Bleu, ce jour-là. J'étais pour lui la
descente du Ciel en personne jusqu'à son front.
Devant la Madone que j'étais, un Espagnol aurait
pu prier et former des serments. Il me chantait, me
confondant avec la couleur qu'il chérissait, et
quand il m'emportait sur le lit, c'est dans le bleu
qu'il pénétrait. Mais je n'aurai plus à apparaître.

IRMA : Je t'ai proposé sainte Thérèse.

CARMEN : Je ne suis pas préparée, madame Irma.
Il faut savoir ce que le client va exiger. Est-ce que
tout a été bien mis au point?

IRMA : Chaque putain doit pouvoir : tu m'excu-
ses? au point où nous en sommes, parlons entre
hommes — chaque putain doit pouvoir affronter
n'importe quelle situation.

CARMEN : Je suis une de vos putains, patronne, et
une des meilleures, je m'en vante. Dans une soirée,
il m'arrive de faire...

IRMA : Je connais tes performances... Mais quand
tu t'exaltes à partir du mot putain, que tu te répètes
et dont tu te pares comme... comme... comme...

(Elle cherche et trouve.) ... comme d'une parure, ce n'est pas tout à fait comme lorsque j'utilise ce mot pour désigner une fonction. Mais tu as raison, mon chéri, d'exalter ton métier et d'en faire une gloire. Fais-le briller. Qu'il t'illumine, si tu n'as que lui. *(Tendre.)* Je ferai tout pour t'y aider... Tu n'es pas seulement le plus pur joyau de mes filles, tu es celle sur qui je dépose toute ma tendresse. Mais reste avec moi... Tu oserais me quitter quand tout craque de partout? La mort — la vraie, définitive — est à ma porte, elle est sous mes fenêtres...

> *Crépitement de mitrailleuse.*

Tu entends?

CARMEN : L'Armée se bat avec courage.

IRMA : Les révoltés avec un courage plus grand. Et nous sommes sous les murs de la cathédrale, à deux pas de l'archevêché, ma tête n'est pas mise à prix, non ce serait trop beau, mais on sait que j'offre à souper aux personnalités. Je suis donc visée. Et il n'y a pas d'hommes dans la maison.

CARMEN : Monsieur Arthur est là.

IRMA : Tu te fous de moi! Pas un homme, ça c'est mon accessoire. D'ailleurs, dès sa séance terminée, je vais l'envoyer à la recherche de M. Georges.

CARMEN : Supposons le pire...

IRMA : Si les révoltés gagnent? Je suis perdue. Ce sont des ouvriers. Sans imagination. Prudes, et peut-être chastes.

CARMEN : Ils s'habitueront vite à la débauche. Il suffit d'un peu d'ennui...

IRMA : Tu te trompes. Ou alors, ils ne se permettront pas l'ennui. Mais c'est moi la plus exposée. Vous, les filles, c'est différent. Dans toute révolution, il y a la putain exaltée qui chante une *Marseillaise* et se revirginise. Tu seras celle-là? Les autres apporteront saintement à boire aux mourants. Après... ils vous marieront. Cela te plairait d'être mariée?

CARMEN : Fleur d'oranger, tulle...

IRMA : Bravo, garce! Mariée, pour toi veut dire déguisée. Mon amour, tu es bien de notre monde. Non, moi non plus, je ne te suppose pas mariée. D'ailleurs, ils songent surtout à nous assassiner. Nous aurons une belle mort, Carmen. Elle sera terrible et somptueuse. Il est possible qu'on force mes salons, qu'on brise les cristaux, qu'on déchire les brocarts, et qu'on nous égorge...

CARMEN : Ils auront pitié...

IRMA : Pas du tout. Leur fureur s'exalte de se savoir sacrilège. Casqués, bottés, en casquette et débraillés, ils nous feront crever par le fer et par le feu. Ce sera très beau, nous ne devons pas désirer une autre fin, et toi tu songes à t'en aller...

CARMEN : Mais, madame Irma...

IRMA : Quand la maison va flamber, quand la rose va être poignardée, toi, Carmen, tu te prépares pour la fuite!

CARMEN : Si j'ai voulu m'absenter, vous savez bien pourquoi.

IRMA : Ta fille est morte...

CARMEN : Madame!

IRMA : Morte ou vivante, ta fille est morte. Songe

à la tombe, ornée de marguerites et de couronnes en perles, au fond d'un jardin... et ce jardin dans ton cœur, où tu pourras l'entretenir...

CARMEN : J'aurais aimé la revoir...

IRMA, *enchaînant sur sa précédente tirade :* ... son image dans l'image du jardin et le jardin dans ton cœur sous la robe enflammée de sainte Thérèse. Et tu hésites ? Je t'offre la plus désirée des morts, et tu hésites ? Tu es lâche ?

CARMEN : Vous savez bien que je vous suis attachée.

IRMA : Je t'enseignerai les chiffres ! Les merveilleux chiffres qui nous feront passer des nuits, ensemble, à les calligraphier.

CARMEN, *doucement :* La guerre fait rage. Vous l'avez dit, c'est la horde.

IRMA, *triomphante :* La horde ! mais nous, nous avons nos cohortes, nos armées, nos milices, légions, bataillons, vaisseaux, hérauts, clairons, trompettes, nos couleurs, oriflammes, étendards, bannières... et nos chiffres pour nous mener à la catastrophe ! La mort ? C'est la mort certaine, mais à quelle allure et dans quelle allure !... (*Mélancolique.*) A moins que Georges soit encore tout-puissant... Et surtout qu'il puisse traverser la horde et venir nous sauver. (*Un énorme soupir.*) Tu vas m'habiller. Mais avant je surveille Rachel.

> *Même sonnerie que tout à l'heure. Irma colle son œil au viseur.*

Avec cet engin, je les vois et j'entends même leurs soupirs. (*Silence. Elle regarde.*) Le Christ sort

avec son attirail. Je n'ai jamais compris pourquoi il
se fait attacher à la croix avec des cordes qu'il
emporte dans une valise. C'est peut-être des cordes
bénites ? Arrivé chez lui, où les met-il ? M'en fous.
Voyons Rachel. *(Elle appuie sur une autre manette.)*
Ah, ils ont fini. Ils parlent. Ils rangent les
fléchettes, l'arc, les bandes de gaze, le képi blanc...
Non, je n'aime pas du tout la façon dont ils se
regardent : ils ont l'œil clair. *(Elle se tourne vers
Carmen.)* Voilà les dangers de l'assiduité. Ce serait
la ruine si mes clients échangeaient avec mes filles
un sourire amical, un clin d'œil, une bourrade, une
boutade. Ce serait une catastrophe plus grande
encore que si l'amour s'en mêlait. *(Elle appuie
machinalement sur la manette et pose l'écouteur.
Pensive.)* Arthur doit avoir fini sa séance. Il va
venir... Habille-moi.

CARMEN : Qu'est-ce que vous mettrez ?

IRMA : Le déshabillé crème.

> *Carmen ouvre la porte d'un placard et en
> tire le déshabillé, tandis qu'Irma dégrafe son
> tailleur.*

Dis-moi, ma Carmen, Chantal ?...

CARMEN : Madame ?

IRMA : Oui. Dis-moi, Chantal, qu'est-ce que tu
sais d'elle ?

CARMEN : J'ai passé en revue toutes les filles :
Rosine, Élyane, Florence, Marlyse. Elles ont pré-
paré leur petit rapport. Je vais vous le donner. Mais
elles ne m'ont pas appris grand-chose. C'est avant,
qu'on peut espionner. Pendant la bagarre, ça

devient plus difficile. D'abord, les camps sont plus
précis, on peut choisir. En pleine paix, c'est assez
vague. On ne sait pas au juste qui l'on trahit. Ni
même si l'on trahit. Sur Chantal, plus rien. On ne
sait pas si elle existe encore.

IRMA : Mais, dis-moi, tu n'aurais pas de scrupules ?

CARMEN : Aucun. Entrer au bordel, c'est refuser
le monde. J'y suis, j'y reste. Ma réalité, ce sont vos
miroirs, vos ordres et les passions. Quels bijoux ?

IRMA : Les diam's. Mes bijoux. Je n'ai que cela
de vrai. Avec la certitude que tout le reste est toc,
j'ai mes bijoux comme d'autres ont une fillette au
jardin. Qui trahit ? Tu hésites ?

CARMEN : Toutes ces dames se méfient de moi.
J'enregistre leur petit rapport. Je vous le repasse,
vous le repassez à la Police, elle contrôle... Moi, je
ne sais rien.

IRMA : Tu es prudente. Donne-moi un mouchoir.

CARMEN, *apportant un mouchoir de dentelle :* Vue
d'ici, où de toute manière les hommes se débou-
tonnent, la vie me paraît si lointaine, si profonde,
qu'elle a autant d'irréalité qu'un film ou que la
naissance du Christ dans la crèche. Quand un
homme, dans la chambre s'oublie jusqu'à me dire :
« On va prendre l'arsenal demain soir », j'ai l'impression de lire un graffiti obscène. Son acte
devient aussi fou, aussi... volumineux que ceux
qu'on décrit d'une certaine façon sur certains
murs... Non, je ne suis pas prudente.

> *On frappe. Irma sursaute. Elle se précipite
> à son appareil qui, grâce à un mécanisme*

*actionné depuis un bouton, rentre dans le
mur, invisible. Pendant toute la scène avec
Arthur, Carmen déshabille puis habille Irma,
de façon que celle-ci soit prête juste à
l'arrivée du Chef de la Police.*

IRMA : Entrez!

>   *La porte s'ouvre. Entre le Bourreau que,
dorénavant, nous nommerons Arthur. Costume classique du maquereau : gris clair,
feutre blanc, etc., il achève de nouer sa
cravate.*

>   *Irma l'examine minutieusement.*

La séance est finie? Il a fait vite.

ARTHUR : Oui. Le petit Vieux se reboutonne. Il
est à plat. Deux séances en une demi-heure. Avec 'a
fusillade dans les rues, je me demande s'il va arriver
jusqu'à son hôtel. *(Il imite le Juge au second
tableau.)* Minos te juge... Minos te pèse... Cerbère?... Ouha! Ouha! Ouha! *(Il montre les crocs et
rit.)* Le Chef de la Police n'est pas arrivé?

IRMA : Tu n'as pas trop cogné? La dernière fois
la pauvre gosse est restée couchée deux jours.

>   *Carmen a apporté le déshabillé de den-
telles, Irma est maintenant en chemise.*

ARTHUR : Ne joue pas à la bonne fille ni à la
fausse garce. La dernière fois et ce soir elle a eu son
compte : en fric et en coups. Recta-réglo. Le
banquier veut voir le dos zébré, je zèbre.

IRMA : Tu n'y prends pas de plaisir, au moins?

ARTHUR, *emphatique :* Pas avec elle, je n'aime que

toi. Et le travail, c'est le travail. Je le fais dans l'austérité.

IRMA, *autoritaire :* Je ne suis pas jalouse de cette fille, mais je n'aimerais pas que tu abîmes le personnel, de plus en plus difficile à renouveler.

ARTHUR : Deux ou trois fois j'ai voulu lui dessiner des marques sur le dos avec de la peinture mauve, mais ça n'a pas marché. En arrivant, le vieux l'examine et il exige que je la livre saine.

IRMA : De la peinture? Qui te l'avait permis? *(A Carmen.)* Les babouches, chérie?

ARTHUR, *haussant les épaules :* Une illusion de plus ou de moins! Je croyais bien faire. Mais rassure-toi, maintenant je fouette, je flagelle, elle gueule, et il rampe.

IRMA : Quant à elle, tu vas lui ordonner de hurler plus bas, la maison est visée.

ARTHUR : La radio vient d'annoncer que tous les quartiers Nord sont tombés cette nuit. Et le Juge veut des cris. L'Évêque est moins dangereux. Il se contente de pardonner les péchés.

CARMEN : Il exige d'abord qu'on les ait commis, si son bonheur est de pardonner. Non, le meilleur, c'est celui qu'on emmaillote, qu'on fesse, qu'on fouette, qu'on berce et qui ronfle.

ARTHUR : Qui le dorlote? *(A Carmen.)* Toi? Tu lui donnes le sein?

CARMEN, *sèchement :* Je fais bien mon métier. Et de toute façon vous portez un costume, monsieur Arthur, qui ne vous permet pas de plaisanter. Le mac a son rictus, jamais le sourire.

IRMA : Elle a raison.

ARTHUR : Tu as fait combien, aujourd'hui?

IRMA, *sur la défensive :* Carmen et moi, nous n'avons pas fini les comptes.

ARTHUR : Moi si. D'après mes calculs, ça va chercher dans les vingt mille.

IRMA : C'est possible. De toute façon, ne crains rien. Je ne triche pas.

ARTHUR : Je te crois, mon amour, mais c'est plus fort que moi : les chiffres s'ordonnent dans ma tête. Vingt mille! La guerre, la révolte, la mitraille, le gel, la grêle, la pluie, la merde en averse, rien ne les arrête! Au contraire. On se tue à côté, le claque est visé : ils foncent tout de même. Moi, je t'ai à domicile, mon trésor, sinon...

IRMA, *nette :* La trouille te paralyserait dans une cave.

ARTHUR, *ambigu :* Je ferais comme les autres, mon amour. J'attendrais d'être sauvé par le Chef de la Police. Tu n'oublies pas mon petit pourcentage?

IRMA : Je te donne de quoi te défendre.

ARTHUR : Mon amour! J'ai commandé mes chemises de soie. Et tu sais de quelle soie? Et de quelle couleur? Dans la soie mauve de tes corsages!

IRMA, *attendrie :* Voyons, finis. Pas devant Carmen.

ARTHUR : Alors? C'est oui?

IRMA, *défaillante :* Oui.

ARTHUR : Combien?

IRMA, *reprenant pied :* On verra. Je dois faire les comptes avec Carmen. *(Câline.)* Ce sera le plus que je pourrai. Pour l'instant, il faut absolument que tu ailles à la rencontre de Georges...

ARTHUR, *d'une insolente ironie :* Tu dis, bien-aimée?

IRMA, *sèche :* Que tu ailles à la rencontre de M. Georges. Jusqu'à la Police s'il le faut et que tu le préviennes que je ne compte que sur lui.

ARTHUR, *légèrement inquiet :* Tu blagues, j'espère?...

IRMA, *soudain très autoritaire :* Le ton de ma dernière réplique devrait te renseigner. Je ne joue plus. Ou plus le même rôle, si tu veux. Et toi tu n'as plus à jouer au mac tendre et méchant. Fais ce que je t'ordonne, mais avant prends le vaporisateur. *(A Carmen qui apporte l'objet.)* Donne-le-lui *(A Arthur.)* Et à genoux!

ARTHUR, *il met un genou en terre et vaporise Irma :* Dans la rue?... Tout seul?... Moi?...

IRMA, *debout devant lui :* Il faut savoir ce que devient Georges. Je ne peux pas rester sans protection.

ARTHUR : Je suis là...

IRMA, *haussant les épaules :* Je dois défendre mes bijoux, mes salons et mes filles. Le Chef de la Police devrait être arrivé depuis une demi-heure...

ARTHUR, *lamentable :* Moi dans la rue?... Mais la grêle... la mitraille... *(Il montre son costume.)* Je m'étais justement habillé pour rester, pour me promener dans tes couloirs et pour me regarder dans les glaces. Et aussi pour que tu me voies habillé en mac... Je n'ai que la soie pour me protéger...

IRMA, *à Carmen :* Donne mes bracelets, Carmen. *(A Arthur.)* Et toi vaporise.

ARTHUR : Je ne suis pas fait pour le dehors, il y a trop longtemps que je vis dans tes murs... Même ma peau ne pourrait pas supporter le grand air... encore si j'avais une voilette!... Suppose qu'on me reconnaisse?...

IRMA, *irritée et pivotant sur elle-même devant le vaporisateur :* Rase les murs. *(Un temps.)* Prends ce revolver.

ARTHUR, *effrayé :* Sur moi?

IRMA : Dans ta poche.

ARTHUR : Ma poche! Imagine que je doive tirer?...

IRMA, *douce :* Te voilà gavé de qui tu es? Repu?

ARTHUR : Repu, oui... *(Un temps.)* Reposé, repu... mais si je sors dans la rue...

IRMA, *autoritaire, mais avec douceur :* Tu as raison. Pas de revolver. Mais enlève ton chapeau, va où je te dis, et reviens me renseigner. Ce soir tu as une séance. Tu es au courant?

>   *Il jette son feutre.*

ARTHUR, *il se dirigeait vers la porte :* Une autre! Ce soir? Qu'est-ce que c'est?

IRMA : Je croyais te l'avoir dit : un cadavre.

ARTHUR, *avec dégoût :* Qu'est-ce que j'en ferai?

IRMA : Rien. Tu resteras immobile, et on t'ensevelira. Tu pourras te reposer.

ARTHUR : Ah, parce que c'est moi qui...? ah, bien. Très bien. Et le client? Un nouveau?

IRMA, *mystérieuse :* Très haut personnage, et ne m'interroge plus. Va.

ARTHUR, *il va pour sortir, puis il hésite, et timide :* On ne m'embrasse pas?

IRMA : Quand on reviendra. Si on revient.

> *Il sort, toujours à genoux.*

> *Mais déjà, la porte de droite s'ouvre et, sans qu'il ait frappé, entre le Chef de la Police. Lourde pelisse. Chapeau. Cigare. Carmen fait le geste de courir rappeler Arthur mais le Chef de la Police s'interpose.*

LE CHEF DE LA POLICE : Non, non, restez, Carmen. J'aime votre présence. Quant au gigolo, qu'il s'arrange pour me trouver.

> *Il garde son chapeau, son cigare et sa pelisse, mais s'incline devant Irma à qui il baise la main.*

IRMA, *oppressée :* Mettez votre main là. *(Sur son sein.)* Je suis toute remuée : ça bouge encore. Je vous savais en route, donc en danger. Frissonnante, j'attendais... en me parfumant...

LE CHEF DE LA POLICE, *tout en se débarrassant de son chapeau, de ses gants, de sa pelisse et de son veston :* Passons. Et ne jouons plus. La situation est de plus en plus grave — elle n'est pas désespérée, mais elle le devient — heu-reu-se-ment! Le château royal est cerné. La reine se cache. La ville, que j'ai traversée comme par miracle, est à feu et à sang. La révolte y est tragique et joyeuse, contrairement à cette maison où tout s'écoule dans la mort lente. Donc, je joue ma chance aujourd'hui même. Cette nuit je serai dans la tombe ou sur le socle.

Donc, que je vous aime ou que je vous désire est sans importance. Ça marche en ce moment?

IRMA : Merveilleusement. J'ai eu quelques grandes représentations.

LE CHEF DE LA POLICE, *impatient :* Quel genre?

IRMA : Carmen a le génie de la description. Interroge-la.

LE CHEF DE LA POLICE, *à Carmen :* Raconte, Carmen. Toujours?...

CARMEN : Toujours, oui, monsieur. Toujours les piliers de l'Empire.

LE CHEF DE LA POLICE, *ironique :* Nos allégories, nos armes parlantes. Et puis, y a-t-il?...

CARMEN : Comme chaque semaine, un thème nouveau. *(Geste de curiosité du Chef de la Police.)* Cette fois c'est le bébé giflé, fessé, bordé qui pleure et qu'on berce.

LE CHEF DE LA POLICE, *impatient :* Bien. Mais...

CARMEN : Il est charmant, monsieur. Et si triste!

LE CHEF DE LA POLICE, *irrité :* C'est tout?

CARMEN : Et si joli quand on l'a démailloté...

LE CHEF DE LA POLICE, *de plus en plus furieux :* Tu te fous de moi, Carmen? Je te demande si j'y suis?

CARMEN : Si vous y êtes?

IRMA, *ironique, on ne sait à qui :* Vous n'y êtes pas.

LE CHEF DE LA POLICE : Pas encore? *(A Carmen.)* Enfin, oui ou non, y a-t-il le simulacre?

CARMEN, *stupide :* Le simulacre?

LE CHEF DE LA POLICE : Idiote! Oui! Le simulacre du Chef de la Police?

Silence très lourd

IRMA : Les temps ne sont pas arrivés. Mon cher, votre fonction n'a pas la noblesse suffisante pour proposer aux rêveurs une image qui les consolerait. Faute d'ancêtres illustres, peut-être ? Non, cher ami... il faut en prendre votre parti : votre image n'accède pas encore aux liturgies du boxon.

LE CHEF DE LA POLICE : Qui s'y fait représenter ?

IRMA, *un peu irritée* : Tu les connais, puisque tu as tes fiches *(Elle énumère sur ses doigts.)* : il y a deux rois de France, avec cérémonies du sacre et rituels différents, un amiral sombrant à la poupe de son torpilleur, un dey d'Alger capitulant, un pompier éteignant un incendie, une chèvre attachée au piquet, une ménagère revenant du marché, un voleur à la tire, un volé attaché et roué de coups, un saint Sébastien, un fermier dans sa grange... pas de chef de la police... ni d'administrateur des colonies, mais un missionnaire mourant sur la croix, et le Christ en personne.

LE CHEF DE LA POLICE, *après un silence* : Tu oublies le mécanicien.

IRMA : Il ne vient plus. A force de serrer des écrous, il risquait de construire une machine. Et qui eût marché. A l'usine !

LE CHEF DE LA POLICE : Ainsi, pas un de tes clients qui ait eu l'idée... l'idée lointaine, à peine indiquée...

IRMA : Rien. Je sais que vous faites ce que vous pouvez : vous tentez la haine et l'amour : la gloire vous boude.

LE CHEF DE LA POLICE, *avec force :* Mon image grandit de plus en plus, je t'assure. Elle devient colossale. Tout, autour de moi, me la répète et me la renvoie. Et tu ne l'as jamais vue représentée chez toi?

IRMA : De toute façon, elle y serait célébrée que je n'en verrais rien. Les cérémonies sont secrètes.

LE CHEF DE LA POLICE : Menteuse. Dans chaque cloison tu as dissimulé des judas. Chaque mur, chaque miroir est truqué. Ici on écoute les soupirs, là-bas l'écho des plaintes. Ce n'est pas moi qui t'apprendrai que les jeux du bordel sont d'abord jeux de glace... *(Très triste.)* Personne encore! Mais j'obligerai mon image à se détacher de moi, à pénétrer, à forcer tes salons, à se réfléchir, à se multiplier. Irma, ma fonction me pèse. Ici, elle m'apparaîtra dans le soleil terrible du plaisir et de la mort. *(Rêveur.)* De la mort...

IRMA : Il faut tuer encore, mon cher Georges.

LE CHEF DE LA POLICE : Je fais ce que je peux, je t'assure. On me redoute de plus en plus.

IRMA : Pas assez. Il faut t'enfoncer dans la nuit, dans la merde et dans le sang. *(Soudain angoissée.)* Et tuer ce qui peut rester de notre amour...

LE CHEF DE LA POLICE, *net :* Tout est mort.

IRMA : C'est une belle victoire. Alors, il faut tuer autour de toi.

LE CHEF DE LA POLICE, *très irrité :* Je te répète que je fais ce que je peux. En même temps, j'essaye de prouver à la Nation que je suis un chef, un législateur, un bâtisseur...

IRMA, *inquiète :* Tu divagues. Ou tu espères

vraiment construire un Empire, et alors tu
divagues.

LE CHEF DE LA POLICE, *avec conviction :* La révolte
matée, et matée par moi, et moi porté par la
Nation, appelé par la reine, rien ne saurait m'arrêter. C'est alors seulement que vous verrez qui je
suis maintenant. *(Rêveur.)* Oui ma chère, je veux
construire un Empire... pour que l'Empire en
échange me construise...

IRMA : Un tombeau...

LE CHEF DE LA POLICE, *légèrement interdit :* Mais,
après tout, pourquoi pas? Chaque conquérant n'a
pas le sien? Alors? *(Exalté.)* Alexandrie! J'aurai
mon tombeau, Irma. Et toi, quand on posera la
première pierre, tu seras à la meilleure place.

IRMA : Je te remercie. *(A Carmen.)* Le thé,
Carmen.

LE CHEF DE LA POLICE, *à Carmen qui allait sortir :*
Une minute encore, Carmen. Que pensez-vous de
cette idée?

CARMEN : Que vous voulez confondre votre vie
avec de longues funérailles, monsieur.

LE CHEF DE LA POLICE, *agressif :* La vie est autre
chose? Vous avez l'air de tout savoir, renseignez-
moi. Dans ce somptueux théâtre, où à chaque
minute se joue un drame — comme dans le monde
dit-on se célèbre une messe — qu'avez-vous
observé?

CARMEN, *après une hésitation :* De très sérieux, et
qui mérite d'être rapporté, une seule chose : privé
des cuisses qu'il contenait, un pantalon d'usine sur
une chaise, c'est beau, monsieur. Vidés de nos

petits vieux, nos ornements sont tristes à mourir. Ce sont ceux que l'on pose sur le catafalque des hauts dignitaires. Ils ne recouvrent que des cadavres qui n'en finissent pas de mourir, pourtant...

IRMA, *à Carmen :* Monsieur le Chef de la Police ne vous demande pas ça.

LE CHEF DE LA POLICE : Je me suis habitué aux discours de Carmen. *(A Carmen.)* Vous disiez, pourtant?...

CARMEN : Pourtant, la joie dans leur œil, je ne me trompe pas, quand ils aperçoivent les oripeaux, c'est bien tout à coup l'éclat de l'innocence...

LE CHEF DE LA POLICE : On prétend que notre maison les expédie à la Mort.

> *Soudain une sonnerie. Irma sursaute. Un silence.*

IRMA : On a ouvert la porte. Qui peut encore venir à cette heure-ci? *(A Carmen.)* Descendez, Carmen, et fermez la porte.

> *Carmen sort.*

> *Un assez long silence entre Irma et le Chef de la Police restés seuls.*

LE CHEF DE LA POLICE : Mon tombeau!

IRMA : C'est moi qui ai sonné. Je voulais rester seule un moment avec toi.

> *Un silence pendant lequel ils se regardent dans les yeux, gravement.*

Dis-moi, Georges... *(Elle hésite.)* Tu tiens toujours à mener ce jeu? Non, non, ne t'impatiente pas. Tu n'es pas las?

LE CHEF DE LA POLICE : Mais... Tout à l'heure je rentre chez moi...

IRMA : Si tu peux. Si la révolte t'en laisse libre.

LE CHEF DE LA POLICE : La révolte est un jeu. D'ici, tu ne peux rien voir de l'extérieur, mais chaque révolté joue. Et il aime son jeu.

IRMA : Mais si, par exemple, ils se laissaient emporter hors du jeu? Je veux dire, qu'ils se laissent prendre jusqu'à tout détruire et tout remplacer. Oui, oui, je sais, il y a toujours le détail faux qui leur rappelle qu'à un certain moment, à un certain endroit du drame, ils doivent s'arrêter, et même reculer... Mais si, emportés par la passion, ils ne reconnaissent plus rien et qu'ils sautent sans s'en douter dans...

LE CHEF DE LA POLICE : Tu veux dire dans la réalité? Et après? Qu'ils essayent. Je fais comme eux, je pénètre d'emblée dans la réalité que le jeu nous propose, et comme j'ai le beau rôle, je les mate.

IRMA : Ils seront les plus forts.

LE CHEF DE LA POLICE : Pourquoi dis-tu : « Ils seront. » Dans un de tes salons j'ai laissé les hommes de mon escorte, de sorte que je suis toujours en liaison avec mes services. Et puis d'ailleurs, assez là-dessus. Tu es ou tu n'es pas la maîtresse d'une maison d'illusions? Bien. Si je viens chez toi, c'est pour me satisfaire dans tes miroirs et dans tes jeux. *(Tendre.)* Rassure-toi. Tout se passera comme les autres fois.

IRMA : Aujourd'hui, je ne sais pas pourquoi, je suis inquiète. Carmen me paraît étrange. Les révoltés, comment te dire, ont une espèce de gravité...

LE CHEF DE LA POLICE : Leur rôle l'exige.

IRMA : Non, non... de détermination. Ceux qui passent sous les fenêtres sont menaçants, mais ils ne chantent pas. La menace est dans leur œil.

LE CHEF DE LA POLICE : Et alors? En supposant que cela soit, tu me prends pour un lâche? Tu penses que je dois renoncer.

IRMA, *pensive :* Non. D'ailleurs, je crois que c'est trop tard.

LE CHEF DE LA POLICE : As-tu des informations?

IRMA : Par Chantal, avant sa fuite. La centrale électrique sera occupée vers trois heures du matin.

LE CHEF DE LA POLICE : Tu es sûre? Par qui le sait-elle?

IRMA : Par les partisans du quatrième secteur.

LE CHEF DE LA POLICE : C'est plausible. Comment l'a-t-elle su?

IRMA : C'est par elle qu'il y avait des fuites, mais par elle seule. Ne va pas déprécier ma maison.

LE CHEF DE LA POLICE : Ton claque, mon amour.

IRMA : Claque. Bouic. Boxon. Bordel. Foutoir. Bric. J'admets tout. Donc, Chantal est la seule qui soit de l'autre côté... Elle s'est enfuie. Mais avant, elle s'est confiée à Carmen, qui, elle, sait vivre.

LE CHEF DE LA POLICE : Qui l'a mise au courant?

IRMA : Roger. Le plombier. Tu l'imagines comment? Jeune, beau? Non. Quarante ans. Trapu. L'œil ironique et grave. Chantal lui a parlé. Je l'ai mis à la porte : trop tard. Il fait partie du réseau Andromède.

LE CHEF DE LA POLICE : Andromède ? Bravo. La révolte s'exalte et s'exile d'ici-bas. Si elle donne à ses secteurs des noms de constellation, elle va vite s'évaporer et se métamorphoser en chants. Souhaitons-les beaux.

IRMA : Et si leurs chants donnent aux révoltés du courage ? Et qu'ils veuillent mourir pour eux ?

LE CHEF DE LA POLICE : La beauté de leurs chants les amollira. Malheureusement, ils n'en sont pas à ce stade, ni de la beauté ni de la mollesse. En tout cas, les amours de Chantal furent providentielles.

IRMA : Ne mêle pas Dieu...

LE CHEF DE LA POLICE : Je suis franc-maçon. Donc...

IRMA, *stupéfaite, évidemment :* Tu ne me l'avais pas dit. Tu es...

LE CHEF DE LA POLICE, *solennel :* Sublime Prince du Royal Secret !

IRMA, *ironique :* Toi frère Trois-Points ! En petit tablier. Avec un petit maillet, une cagoule et un cierge ! C'est drôle. *(Un temps.)* Toi aussi ?

LE CHEF DE LA POLICE : Pourquoi ? Toi aussi ?

IRMA, *bouffonnement solennelle :* Gardienne de rites bien plus graves ! *(Soudain triste.)* Puisque enfin j'en suis arrivée là.

LE CHEF DE LA POLICE : Comme chaque fois, tu vas essayer de rappeler nos amours.

IRMA, *avec douceur :* Non, pas nos amours, mais le temps que nous nous aimions.

LE CHEF DE LA POLICE : Eh bien ? Tu veux en faire

l'historique et l'éloge? Tu penses que mes visites auraient moins de saveur si tu n'y mêlais pas le souvenir d'une innocence supposée?

IRMA : C'est de tendresse qu'il s'agit. Ni les plus extravagantes combinaisons de mes clients, ni ma fortune, ni mes recherches pour enrichir mes salons de thèmes nouveaux, ni les tapis, ni les dorures, ni les cristaux, ni le froid n'empêchent qu'il y ait eu des moments où tu te blottissais dans mes bras, et que je m'en souvienne.

LE CHEF DE LA POLICE : Ces moments, tu les regrettes?

IRMA, *avec tendresse* : Je donnerais mon royaume pour le retour d'un seul d'entre eux! Et tu sais lequel. J'ai besoin d'une seule parole de vérité, comme lorsqu'on regarde ses rides le soir, ou quand on se rince la bouche...

LE CHEF DE LA POLICE : C'est trop tard. *(Un temps.)* Et puis, nous ne pouvions pas, éternellement, nous blottir l'un dans l'autre. Enfin, tu ne sais pas vers quoi déjà, secrètement, je me dirigeais, quand j'étais dans tes bras.

IRMA : Je sais que moi je t'aimais...

LE CHEF DE LA POLICE : C'est trop tard. Tu pourrais quitter Arthur?

IRMA, *elle rit, nerveusement* : C'est toi qui me l'as imposé. Tu as exigé qu'un homme soit installé ici — contre mon gré et contre mon avis — dans un domaine qui devait rester vierge... Imbécile, ne ris pas. Vierge. C'est-à-dire stérile. Mais tu voulais un pilier, un axe, un phallus présent, entier, dressé, debout. Il y est. Tu m'as imposé ce tas de viande congestionnée, cette communiante aux bras de lutteur — si tu connais sa force à la foire, tu ignores sa fragilité. Tu me l'as stupidement imposé parce que tu te sentais vieillir.

LE CHEF DE LA POLICE, *la voix pâle :* Tais-toi.

IRMA, *haussant les épaules :* Et tu te délassais ici par l'entremise d'Arthur. Je ne me fais pas d'illusions. C'est moi son homme et c'est sur moi qu'il compte mais j'ai besoin de cet oripeau musculeux, noueux et stupide, empêtré dans mes jupons. Si tu veux, il est mon corps, mais posé à côté de moi.

LE CHEF DE LA POLICE, *ironique :* Et si j'étais jaloux?

IRMA : De cette grosse poupée qui se grime en bourreau pour assouvir un juge découpé dans du vent? Tu te moques de moi, mais cela ne t'a pas toujours ennuyé que je t'apparaisse sous les apparences de ce corps magnifique... Je peux te redire...

LE CHEF DE LA POLICE, *il gifle Irma qui tombe sur le divan :* Et ne chiale pas, ou je t'écrase la gueule, et je fais flamber ta turne. Je vous fais griller par les cheveux et les poils et je vous lâche. J'illumine la ville aux putains incendiées. *(Très doucement.)* Tu m'en crois incapable?

IRMA, *dans un souffle :* Oui, chéri.

LE CHEF DE LA POLICE : Alors, fais-moi les comptes. Défalque si tu veux le crêpe de Chine d'Apollon. Et dépêche-toi, il faut que je rejoigne mon poste. Pour le moment je dois agir. Après... Après, tout ira tout seul. Mon nom agira à ma place. Donc, Arthur?

IRMA, *soumise :* Il sera mort ce soir.

LE CHEF DE LA POLICE : Mort? Tu veux dire... vraiment... vraiment mort?

IRMA, *résignée :* Voyons, Georges, comme on meurt chez nous.

LE CHEF DE LA POLICE : Tiens? Et c'est?

IRMA : Le ministre...

> *Elle est interrompue par la voix de Carmen.*

VOIX DE CARMEN, *en coulisse :* Verrouillez le salon 17! Élyane, dépêchez-vous! Et faites descendre le salon... Non, non, attendez...

> *On entend un bruit de roue dentée et rouillée (comme en font certains vieux ascenseurs).*

> *Elle entre.*

CARMEN : Madame, l'envoyé de la Reine est au salon...

> *La porte de gauche s'ouvre et paraît Arthur, tremblant, les vêtements déchirés.*

ARTHUR, *apercevant le Chef de la Police :* Vous êtes là! Vous avez réussi à traverser?

IRMA, *se jetant dans ses bras :* Nigaude! Qu'est-ce qui se passe? Tu es blessé?... Parle!... Oh! ma grosse nigaude!

ARTHUR, *haletant :* J'ai essayé d'aller jusqu'à la Police. Impossible. Toute la ville est illuminée par les incendies. Les révoltés sont les maîtres un peu partout. Je ne crois pas que vous pourrez rentrer chez vous, monsieur le Chef. J'ai réussi à atteindre le Palais Royal, et j'ai vu le Grand Chambellan. Il m'a dit qu'il essaierait de venir. Il m'a serré la main, entre parenthèses. Et je suis reparti. Les femmes sont les plus exaltées. Elles encouragent au pillage et à la tuerie. Mais la plus terrible, c'est une fille qui chantait...

> *On entend un claquement sec. Une vitre de la fenêtre vole en éclats. Un miroir aussi, près du lit.*

> *Arthur tombe, frappé au front, d'une balle venue du dehors.*

> *Carmen se penche sur lui, puis se relève.*

> *Irma, à son tour, se penche sur lui, lui caresse le front.*

LE CHEF DE LA POLICE : En somme, je suis coincé au bordel. C'est donc du bordel qu'il me faudra agir.

IRMA, *pour elle seule, penchée sur Arthur* : Est-ce que tout foutrait le camp? Tout me filerait entre les doigts?... *(Amère.)* Il me reste mes bijoux, mes diam's... et peut-être pas pour longtemps...

CARMEN, *doucement* : Si la maison doit sauter... Le costume de sainte Thérèse est dans la penderie, madame Irma?

IRMA, *se relevant* : A gauche. Mais d'abord qu'on enlève Arthur. Je vais recevoir l'Envoyé.

SIXIÈME TABLEAU

DÉCOR

Le décor représente une place, avec de nombreux pans d'ombre. Au fond, assez loin, on devine la façade du Grand Balcon, persiennes closes. Chantal et Roger sont enlacés. Trois hommes semblent veiller sur eux. Costumes noirs. Chandails noirs. Ils tiennent des mitraillettes dirigées vers le Grand Balcon.

CHANTAL, *doucement :* Garde-moi, si tu veux, mon amour, mais garde-moi dans ton cœur. Et attends-moi.

ROGER : Je t'aime avec ton corps, avec tes cheveux, ta gorge, ton ventre, tes boyaux, tes humeurs, tes odeurs. Chantal, je t'aime dans mon lit. Eux...

CHANTAL, *souriant :* Ils se fichent bien de moi! Mais moi, sans eux, je ne serais rien.

ROGER : Tu es à moi. Je t'ai...

CHANTAL, *agacée :* Je sais : tirée d'un tombeau. Et à peine débarrassée de mes bandelettes, ingrate, je cours la gueuse. Je me donne à l'aventure et je m'échappe. *(Soudain, tendrement ironique.)* Mais, Roger, je t'aime et je n'aime que toi.

ROGER : Tu viens de le dire, tu m'échappes. Dans ta course héroïque et stupide, je ne peux pas te suivre.

CHANTAL : Oh, oh! Tu es jaloux de qui, ou de quoi? On dit de moi que je plane au-dessus de l'insurrection, que j'en suis l'âme et la voix, et toi tu restes à terre. C'est ce qui te rend triste...

ROGER : Chantal, je t'en prie, ne sois pas vulgaire. Si tu peux aider [1]...

> *Un des hommes, s'approchant.*

L'HOMME, *à Roger :* Alors, c'est oui ou c'est non?

ROGER : Et si elle y reste?

L'HOMME : Je te la demande pour deux heures.

ROGER : Chantal appartient...

CHANTAL : A personne!

ROGER : ... A ma section.

L'HOMME : A l'insurrection!

ROGER : Si vous voulez une entraîneuse d'hommes, fabriquez-en.

L'HOMME : On a cherché. Il n'y en a pas. On a essayé d'en fabriquer une : belle voix, belle poitrine, débraillé comme il faut : pas de flamme dans les yeux, et tu sais, sans la flamme... On a demandé celles des quartiers Nord et celles du quartier de l'Écluse : pas libres.

CHANTAL : Une femme comme moi? Une autre?

---

1. Faire dire cette réplique en latin d'église. Les chefs de révoltes sont tous passés par un séminaire.

Je n'ai à ma disposition que mon visage de hibou,
ma voix rauque : je les donne ou les prête pour la
haine. Je ne suis rien, que mon visage, ma voix, et
au-dedans de moi une adorable bonté empoisonnée.
J'ai deux rivales populaires, d'autres pouilleuses ?
Qu'elles y viennent, je leur fais mordre la poussière.
Je suis sans rivale.

ROGER, *explosant :* Je l'ai arrachée — arrachée
d'un tombeau. Déjà elle m'échappe et grimpe au
ciel, si on vous la prête...

L'HOMME : On ne te demande pas ça. Si on
l'emmène, on la loue.

CHANTAL, *amusée :* Combien?

ROGER : Même en la louant pour qu'elle aille
chanter et entraîner votre faubourg, si elle claque,
nous perdons tout. Personne ne la remplacera.

L'HOMME : Elle avait accepté.

ROGER : Elle ne s'appartient plus. Elle est à nous.
Elle est notre signe. Vos femmes ne vous servent
qu'à arracher et porter des pierres ou recharger vos
armes. Je sais que c'est utile, mais...

L'HOMME : Tu veux combien de femmes en
échange?

ROGER, *pensif :* C'est donc si précieux, une
chanteuse sur les barricades?

L'HOMME : Combien? Dix femmes contre Chantal? *(Silence.)* Vingt?

ROGER : Vingt femmes? Vous seriez prêts à me
payer Chantal vingt femmes diminuées, vingt
bœufs, vingt têtes de bétail? C'est donc quelqu'un
d'exceptionnel, Chantal? Et tu sais d'où elle sort?

CHANTAL, *à Roger, violente :* Chaque matin je

rentre — car je flamboie la nuit — je rentre dans un taudis pour y dormir — chastement, mon amour et m'y écraser de vin rouge. Et moi, avec ma voix râpeuse, ma colère feinte, mes yeux de camée, mon illumination peinte, mes cheveux andalous, je console et j'enchante les pouilleux. Ils vaincront, et c'est une drôle de chose que sera ma victoire.

ROGER, *pensif :* Vingt femmes contre Chantal ?

L'HOMME, *net :* Cent.

ROGER, *toujours pensif :* Et c'est par elle sans doute qu'on vaincra. Déjà elle incarne la Révolution...

L'HOMME : Cent. Tu es d'accord ?

ROGER : Où l'emmènes-tu ? Et qu'est-ce qu'elle devra faire ?

CHANTAL : Rassure-toi, j'ai mon étoile. Pour le reste, tu connais mon pouvoir. On m'aime, on m'écoute, on me suit.

ROGER : Que fera-t-elle ?

L'HOMME : Presque rien. A l'aube, comme tu le sais, nous attaquons le Palais. Chantal entrera la première, d'un balcon elle chantera. C'est tout.

ROGER : Cent femmes. Mille et peut-être davantage. Elle n'est plus une femme. Celle qu'on fait d'elle par rage et par désespoir à son prix. C'est pour lutter contre une image que Chantal s'est figée en image. La lutte ne se passe plus dans la réalité, mais en champ clos. Sur champ d'azur. C'est le combat des allégories. Ni les uns ni les autres nous ne voyons plus les raisons de notre révolte. C'est donc qu'elle devait en arriver là.

L'HOMME : Alors? C'est oui? Chantal, réponds. C'est à toi de répondre.

CHANTAL, *à l'homme :* Éloigne-toi. J'ai encore quelques mots à dire.

> Les trois hommes s'écartent, rentrent dans l'ombre.

ROGER, *avec violence :* Je ne t'ai pas volée pour que tu deviennes une licorne ou un aigle à deux têtes.

CHANTAL : Tu n'aimes pas les licornes?

ROGER : Je n'ai jamais su faire l'amour avec elles. *(Il la caresse.)* Ni avec toi non plus, d'ailleurs.

CHANTAL : Tu veux dire que moi, je ne sais pas aimer. Je te déçois. Pourtant je t'aime. Et toi tu m'as louée contre cent terrassières.

ROGER : Pardonne-moi. J'en ai besoin. Et pourtant je t'aime. Je t'aime et je ne sais pas te le dire, je ne sais pas chanter. Et le dernier recours, c'est le chant.

CHANTAL : Avant que le jour paraisse, il faudra que je parte. Si la Section du quartier Nord a réussi, dans une heure la Reine sera morte. Le Chef de la Police aura perdu. Sinon, nous ne sortirons jamais de ce bordel.

ROGER : Encore une minute, mon amour, ma vie. C'est encore la nuit.

CHANTAL : C'est l'heure où la nuit se défait du jour, ma colombe, laisse-moi partir.

ROGER : Je ne supporterai pas les minutes que je passerai sans toi.

CHANTAL : Nous ne serons pas séparés, je te le

jure. Je leur parlerai d'un ton glacial, en même temps que pour toi je murmurerai des mots d'amour. D'ici tu les entendras et j'écouterai ceux que tu me diras.

ROGER : Ils peuvent te garder, Chantal. Ils sont forts. C'est à propos d'eux que l'on dit qu'ils sont forts comme la mort.

CHANTAL : Ne crains rien, mon amour. Je connais leur pouvoir. Celui de ta douceur et de ta tendresse est plus fort. Je leur parlerai d'une voix sévère, je leur dirai ce que le peuple exige. Ils m'écouteront car ils auront peur. Laisse-moi partir.

ROGER, *dans un cri :* Chantal, je t'aime!

CHANTAL : C'est parce que je t'aime que je dois me dépêcher.

ROGER : Tu m'aimes?

CHANTAL : Je t'aime, parce que tu es tendre et doux, toi le plus dur et le plus sévère des hommes. Et ta douceur et ta tendresse sont telles qu'elles te rendent léger comme un lambeau de tulle, subtil comme un flocon de brume, aérien comme un caprice. Tes muscles épais, tes bras, tes cuisses, tes mains sont plus irréels que le passage du jour à la nuit. Tu m'enveloppes et je te contiens.

ROGER : Chantal, je t'aime, parce que tu es dure et sévère, toi, la plus tendre et la plus douce des femmes. Ta douceur et ta tendresse sont telles qu'elles te rendent sévère comme une leçon, dure comme la faim, inflexible comme un glaçon. Tes seins, ta peau, tes cheveux sont plus réels que la certitude de midi. Tu m'enveloppes et je te contiens.

CHANTAL : Quand je serai là-bas, quand je leur parlerai, j'écouterai en moi tes soupirs et tes plaintes et battre ton cœur. Laisse-moi partir.

Il la retient.

ROGER : Tu as encore le temps. Il reste un peu d'ombre autour des murs. Tu passeras derrière l'Archevêché. Tu connais le chemin.

UN DES RÉVOLTÉS, *à voix basse :* C'est l'heure, Chantal. Le jour est levé.

CHANTAL : Tu entends, ils m'appellent.

ROGER, *soudain irrité :* Mais pourquoi toi? Jamais tu ne sauras leur parler.

CHANTAL : Je saurai mieux que personne. Je suis douée.

ROGER : Ils sont savants, retors...

CHANTAL : J'inventerai les gestes, les attitudes, les phrases. Avant qu'ils aient dit un mot, j'aurai compris, et tu seras fier de ma victoire.

ROGER : Que les autres y aillent. *(Aux révoltés, il crie.)* Allez-y, vous. Ou moi, si vous avez peur. Je leur dirai qu'ils doivent se soumettre, car nous sommes la Loi.

CHANTAL : Ne l'écoutez pas, il est saoul. *(A Roger.)* Eux, ils ne savent que se battre et toi que m'aimer. C'est le rôle que vous avez appris à jouer. Moi, c'est autre chose. Le bordel m'aura au moins servi, car c'est lui qui m'a enseigné l'art de feindre et de jouer. J'ai eu tant de rôles à tenir, que je les connais presque tous. Et j'ai eu tant de partenaires...

ROGER : Chantal!

CHANTAL : Et de si savants et de si retors, de si éloquents que ma science, ma rouerie, mon éloquence sont incomparables. Je peux tutoyer la Reine, le Héros, le Juge, l'Évêque, le Général, la Troupe héroïque... et les tromper

ROGER : Tu connais tous les rôles, n est-ce pas ? Tout à l'heure, tu me donnais la réplique.

CHANTAL : Cela s'apprend vite. Et toi-même..

> *Les trois révoltés se sont rapprochés.*

UN DES RÉVOLTÉS, *tirant Chantal* Assez de discours. Va.

ROGER : Chantal, reste !

> *Chantal s'éloigne emmenée par es revoltés*

CHANTAL, *ironique* . Je t'enveloppe et je te contiens, mon amour..

> *Elle disparaît en direction du Balcon, poussée par les trois hommes.*

ROGER, *seul, imitant la voix de Chantal* · Et j'ai eu tant de partenaires et de si savants, de si retors.. (*Reprenant sa voix propre.*) Il fallait bien qu'elle s'applique à leur donner une réponse. Celle qu'ils voulaient. Elle aura tout à l'heure des partenaires retors et savants. Elle sera la réponse qu'ils attendent.

> *A mesure qu'il parle, le décor s'éloigne vers la gauche, l'obscurité se fait, lui-même s'éloigne en parlant et rentre dans la coulisse. Quand la lumière revient, le décor du tableau suivant est en place*

SEPTIÈME TABLEAU

DÉCOR

Le salon funéraire dont il est question dans l'énumération des salons par Mme Irma. Ce salon est en ruine. Les étoffes — guipures noires et velours — pendent, déchirées. Les couronnes de perles sont défaites. Impression de désolation. La robe d'Irma est en lambeaux. Le costume du Chef de la Police aussi. Cadavre d'Arthur sur une sorte de faux tombeau de faux marbre noir. Tout près, un nouveau personnage : l'Envoyé de la Cour. Uniforme d'ambassadeur. Lui seul est en bonne condition. Carmen est vêtue comme au début. Une formidable explosion. Tout tremble.

L'ENVOYÉ, *désinvolte et grave à la fois :* Il y a je ne sais combien de siècles que les siècles s'usent à me raffiner... à me subtiliser... *(Il sourit.)* A je ne sais quoi dans cette explosion, à sa puissance où se mêle un cliquetis de bijoux et de miroirs cassés, il me semble qu'il s'agit du Palais Royal... *(Tout le monde se regarde, atterré.)* N'en montrons aucune émotion. Tant que nous ne serons pas comme ça... *(Il indique le cadavre d'Arthur.)*

IRMA : Il ne croyait pas qu'il pourrait ce soir jouer si bien son rôle de cadavre.

L'ENVOYÉ, *souriant* Notre cher Ministre de l'Intérieur eût été ravi, si lui-même n'avait eu le même sort. C'est malheureusement moi qui dois le remplacer dans sa mission auprès de vous, et je n'ai plus aucun goût pour ces sortes de volupté. *(Il touche du pied le cadavre d'Arthur.)* Oui, ce corps l'eût fait se pâmer, notre cher Ministre.

IRMA : N'en croyez rien, monsieur l'Envoyé. Ce que veulent ces messieurs, c'est le trompe-l'œil. Le Ministre désirait un faux cadavre. Et Arthur est un vrai mort. Regardez-le : il est plus vrai que vivant Tout en lui se dépêchait vers l'immobilité.

L'ENVOYÉ : Il était donc fait pour la grandeur.

LE CHEF DE LA POLICE : Lui? Plat et veule...

L'ENVOYÉ : Lui comme nous, il était travaillé par une recherche de l'immobilité. Par ce que nous nommons le hiératique. Et, en passant, laissez-moi saluer l'imagination qui ordonna dans cette maison un salon funéraire.

IRMA, *avec orgueil :* Et vous n'en voyez qu'une partie!

L'ENVOYÉ : Qui en eut l'idée?

IRMA : La sagesse des Nations, monsieur l'Envoyé.

L'ENVOYÉ : Elle fait bien les choses. Mais reparlons de la Reine que j'ai pour mission de protéger.

LE CHEF DE LA POLICE, *agacé :* Vous le faites curieusement. Le Palais, d'après ce que vous dites...

L'ENVOYÉ, *souriant :* Pour le moment Sa Majesté

est en lieu sûr. Mais le temps presse. Le prélat, dit-on, aurait été décapité. L'Archevêché est saccagé. Le Palais de Justice, l'État-Major sont en déroute...

LE CHEF DE LA POLICE : Mais la Reine?

L'ENVOYÉ, *sur un ton très léger :* Elle brode. Un moment elle a eu l'idée de soigner les blessés. Mais on lui a représenté que le Trône étant menacé, elle devait porter à l'extrême les prérogatives royales.

IRMA : Qui sont?

L'ENVOYÉ : L'Absence. Sa Majesté est retirée dans une chambre, solitaire. La désobéissance de son peuple l'attriste. Elle brode un mouchoir. En voici le dessin : les quatre coins seront ornés de têtes de pavots. Au centre du mouchoir, toujours brodé en soie bleu pâle, il y aura un cygne, arrêté sur l'eau. C'est ici seulement que Sa Majesté s'inquiète : sera-ce l'eau d'un lac, d'un étang, d'une mare? Ou simplement d'un bac ou d'une tasse? C'est un grave problème. Nous l'avons choisi parce qu'il est insoluble et que la Reine peut s'abstraire dans une méditation infinie.

IRMA : La Reine s'amuse?

L'ENVOYÉ : Sa Majesté s'emploie à devenir tout entière ce qu'elle doit être : la Reine. *(Il regarde le cadavre.)* Elle aussi, elle va vite vers l'immobilité.

IRMA : Et elle brode?

L'ENVOYÉ : Non, madame. Je dis que la Reine brode un mouchoir, car s'il est de mon devoir de la décrire, il est encore de mon devoir de la dissimuler.

IRMA : Voulez-vous dire qu'elle ne brode pas?

L'ENVOYÉ : Je veux dire que la Reine brode et

qu'elle ne brode pas. Elle se cure les trous de nez, examine la crotte extirpée, et se recouche. Ensuite, elle essuie la vaisselle.

IRMA : La Reine?

L'ENVOYÉ : Elle ne soigne pas les blessés. Elle brode un invisible mouchoir...

LE CHEF DE LA POLICE : Nom de Dieu! Qu'avez-vous fait de Sa Majesté? Répondez, et sans détours. Je ne m'amuse pas moi...

L'ENVOYÉ : Elle est dans un coffre. Elle dort. Enroulée dans les replis de la royauté, elle ronfle...

LE CHEF DE LA POLICE, *menaçant :* La Reine est morte?

L'ENVOYÉ, *impassible :* Elle ronfle et elle ne ronfle pas. Sa tête, minuscule, supporte, sans fléchir, une couronne de métal et de pierres.

LE CHEF DE LA POLICE, *toujours plus menaçant :* Passons. Vous m'avez dit que le Palais était en danger... Que faut-il faire? J'ai encore avec moi la presque totalité de la police. Les hommes qui me restent se feront tuer pour moi... Ils savent qui je suis et ce que je ferai pour eux... Moi aussi j'ai mon rôle à jouer. Mais si la Reine est morte, tout est remis en cause. C'est sur elle que je m'appuie, c'est en son nom que je travaille à me faire un nom. Où en est donc la révolte? Soyez clair.

L'ENVOYÉ : Jugez-en par l'état de cette maison. Et par le vôtre... Tout semble perdu.

IRMA : Vous êtes de la Cour, Excellence. Avant que d'être ici, j'étais avec la troupe où j'ai fait mes premières armes. Je peux vous assurer que j'ai trouvé des situations pires. La populace — d'où, d'un coup de talon je me suis arrachée —, la populace hurle sous mes fenêtres multipliées par les bombes : ma maison tient bon. Mes chambres ne sont pas intactes, mais elles tiennent le coup. Mes putains, sauf une folle, continuent leur travail. Si le centre du Palais est une femme comme moi...

L'ENVOYÉ, *imperturbable :* La Reine est debout sur une jambe au milieu d'une chambre vide et elle...

LE CHEF DE LA POLICE : Assez! J'en ai marre de vos devinettes. Pour moi, la Reine doit être quelqu'un. Et la situation concrète. Décrivez-la avec exactitude. Je n'ai pas de temps à perdre.

L'ENVOYÉ : Qui voulez-vous sauver?

LE CHEF DE LA POLICE : La Reine!

CARMEN : Le drapeau!

IRMA : Ma peau!

L'ENVOYÉ, *au Chef de la Police :* Si vous tenez à sauver la Reine — et plus loin qu'elle notre drapeau, et toutes ses franges d'or, et son aigle, ses cordes, et sa hampe, voulez-vous me les décrire?

LE CHEF DE LA POLICE : Jusqu'à présent, j'ai admirablement servi ce que vous dites, et sans me soucier d'en connaître autre chose que ce que je voyais. Je continuerai. Où en est la révolte?

L'ENVOYÉ, *résigné :* Les grilles des jardins, pour un moment encore, vont contenir la foule. Les gardes sont dévoués, comme nous, d'un obscur dévouement. Ils se feront tuer pour leur souveraine. Ils donneront leur sang, hélas, il n'y en aura pas assez pour noyer la révolte. On a empilé des sacs de terre devant les portes. Afin de dérouter même la raison, Sa Majesté se transporte d'une chambre secrète à une autre, de l'office à la salle du Trône, des latrines au poulailler, à la chapelle, au corps de garde... Elle se rend introuvable et regagne ainsi une invisibilité menacée. Voilà pour l'intérieur du Palais.

LE CHEF DE LA POLICE : Le Généralissime ?

L'ENVOYÉ : Fou. Égaré dans la foule où personne ne lui fera du mal, sa folie le protège.

LE CHEF DE LA POLICE : Le Procureur ?

L'ENVOYÉ : Mort de peur.

LE CHEF DE LA POLICE : L'Évêque ?

L'ENVOYÉ : Son cas est plus difficile. L'Église est secrète. On ne sait rien de lui. Rien de précis. On a cru voir sa tête coupée sur le guidon d'un vélo, c'était faux, naturellement. On ne compte donc que sur vous. Mais vos ordres arrivent mal.

LE CHEF DE LA POLICE : En bas, dans les couloirs et dans les salons, j'ai assez d'hommes dévoués pour nous protéger tous. Ils peuvent rester en liaison avec mes services...

L'ENVOYÉ, *l'interrompant* : Vos hommes sont en uniforme ?

LE CHEF DE LA POLICE : Bien sûr. Il s'agit de mon escorte. Vous m'imaginez avec une escorte en veston sport ? En uniformes. Noirs. Avec mon fanion. Dans son étui pour le moment. Ils sont braves. Eux aussi ils veulent vaincre.

L'ENVOYÉ : Pour sauver quoi ? *(Un temps.)* Vous ne répondez pas ? Cela vous gênerait de voir juste ? De poser un regard tranquille sur le monde et

d'accepter la responsabilité de votre regard, quoi
qu'il vît.

LE CHEF DE LA POLICE : Mais enfin, en venant me
trouver, vous songiez bien à quelque chose de
précis ? Vous aviez un plan ? Dites-le.

> *Soudain, on entend une formidable explo-*
> *sion. Tous les deux, mais non Irma, s'apla-*
> *tissent, puis ils se relèvent, s'époussettent*
> *mutuellement.*

L'ENVOYÉ : Il se pourrait que ce fût le Palais
Royal. Vive le Palais Royal !

IRMA : Mais alors, tout à l'heure... l'explosion ?...

L'ENVOYÉ : Un palais royal n'en finit jamais de
sauter. Il est même tout entier cela : une explosion
ininterrompue.

> *Entre Carmen : elle jette un drap noir sur*
> *le cadavre d'Arthur, et remet un peu d'ordre.*

LE CHEF DE LA POLICE, *consterné* : Mais la Reine...
La Reine alors est sous les décombres ?...

L'ENVOYÉ, *souriant mystérieusement* : Rassurez-
vous, Sa Majesté est en lieu sûr. Et mort, ce phénix
saurait s'envoler des cendres d'un palais royal. Je
comprends que vous soyez impatient de lui prouver
votre vaillance, votre dévouement... mais la Reine
attendra le temps qu'il faut. *(A Irma.)* Je dois
rendre hommage, madame, à votre sang-froid. Et à
votre courage. Ils sont dignes des plus hauts
égards... *(Rêveur.)* Des plus hauts...

IRMA : Vous oubliez à qui vous parlez. C'est vrai
que je tiens un bordel, mais je ne suis pas née des
noces de la lune et d'un caïman : je vivais dans le

peuple... Tout de même, le coup a été rude. Et le peuple...

L'ENVOYÉ, *sévère* : Laissez cela. Quand la vie s'en va, les mains se rattachent à un drap. Que signifie ce chiffon quand vous allez pénétrer dans la fixité providentielle?

IRMA : Monsieur? Vous voulez me dire que je suis à l'agonie...

L'ENVOYÉ, *l'examinant, la détaillant* : Bête superbe! Cuisses d'aplomb! Épaules solides!... Tête...

IRMA, *riant* : On l'a déjà prétendu, figurez-vous, et cela ne m'a pas fait perdre la tête. En somme, je ferai une morte présentable, si les révoltés se dépêchent, et s'ils me laissent intacte. Mais si la Reine est morte...

L'ENVOYÉ, *s'inclinant* : Vive la Reine, madame.

IRMA, *d'abord interloquée, puis irritée* : Je n'aime pas qu'on se foute de moi. Rengainez vos histoires. Et au trot.

L'ENVOYÉ, *vivement* : Je vous ai dépeint la situation. Le peuple, dans sa fureur et dans sa joie, est au bord de l'extase : à nous de l'y précipiter.

IRMA : Au lieu de rester là, à dire vos âneries, allez fouiller les décombres du Palais pour retirer la Reine. Même un peu rôtie...

L'ENVOYÉ, *sévère* : Non. Une reine cuite et en bouillie n'est pas présentable. Et même vivante, elle était moins belle que vous.

IRMA, *se regardant dans un miroir, avec complaisance* : Elle venait de plus loin... Elle était plus

vieille... Et enfin, elle avait peut-être aussi peur que
moi.

LE CHEF DE LA POLICE : C'est pour s'approcher
d'elle, c'est pour être digne d'un de ses regards
qu'on se donne tant de mal. Mais si l'on est Elle-
même ?...

> *Carmen s'arrête pour écouter*

IRMA, *bêtement intimidée* : Je ne sais pas parler.
Ma langue bute à chaque seconde.

L'ENVOYÉ : Tout doit se dérouler dans un silence
que l'étiquette ne permet à personne de rompre.

LE CHEF DE LA POLICE : Je vais faire ce qu'il faut
pour qu'on déblaie le Palais Royal. Si la Reine était
enfermée, comme vous le dites, dans un coffre, on
peut la délivrer...

L'ENVOYÉ, *haussant les épaules* : En bois de rose le
coffre ! Et si vieux, si usé !... (*A Irma et lui passant
la main sur la nuque.*) Oui, il faut des vertèbres
solides... il s'agit de porter plusieurs kilos...

LE CHEF DE LA POLICE : Et résister au couperet
n'est-ce pas ? Irma, ne l'écoute pas ! (*A l'Envoyé.*)
Et moi, alors, qu'est-ce que je deviens ? Je suis
l'homme fort du pays, c'est vrai, mais parce que je
me suis appuyé sur la couronne. J'en impose au
plus grand nombre, mais parce que j'ai eu la bonne
idée de servir la Reine... même si quelquefois j'ai
simulé des goujateries... simulé vous entendez ?...
Ce n'est pas Irma...

IRMA, *à l'Envoyé* : Je suis bien faible, monsieur,
et bien fragile, au fond. Tout à l'heure je crânais...

L'ENVOYÉ, *avec autorité* : Autour de cette amande

délicate et précieuse nous forgerons un noyau d'or et de fer. Mais il faut vous décider vite.

LE CHEF DE LA POLICE, *furieux :* Avant moi! Ainsi Irma passerait avant moi! Tout le mal que je me suis donné pour être le maître ne servirait à rien. Tandis qu'elle, bien calfeutrée dans ses salons, n'aurait qu'à faire un signe de tête... Si je suis au pouvoir, je veux bien imposer Irma...

L'ENVOYÉ : Impossible. C'est d'elle que vous tiendrez votre autorité. Elle apparaîtra de droit divin. N'oubliez pas que vous n'êtes pas encore représenté dans ses salons.

IRMA : Laissez-moi encore un peu de répit...

L'ENVOYÉ : Quelques secondes, le temps presse.

LE CHEF DE LA POLICE : Si seulement nous pouvions savoir ce qu'en pense la souveraine défunte? Nous ne pouvons pas décider aussi facilement. Capter un héritage...

L'ENVOYÉ, *méprisant :* Vous flanchez. S'il n'y a pas au-dessus de vous une autorité qui décide, vous tremblez? Mais c'est à Mme Irma de prononcer...

IRMA, *d'une voix prétentieuse :* Dans les archives de notre famille, qui date de très longtemps, il était question...

L'ENVOYÉ, *sévère :* Sornettes, madame Irma. Dans nos caves, des généalogistes travaillent jour et nuit. L'Histoire leur est soumise. J'ai dit que nous n'avons pas une minute à perdre pour vaincre le peuple, mais attention! S'il vous adore, son orgueil pathétique est capable de vous sacrifier. Il vous voit rouge, soit de pourpre, soit de sang. Du vôtre. S'il tue ses idoles et les pousse à l'égout, il vous y traînera avec elles...

> *On entend encore la même explosion.*
> *L'Envoyé sourit.*

LE CHEF DE LA POLICE : Le risque est énorme.

CARMEN, *elle intervient. A Irma :* Les ornements sont prêts.

IRMA, *à l'Envoyé :* Vous êtes sûr, au moins, de ce que vous dites? Êtes-vous bien au courant? Vos espions?

L'ENVOYÉ : Ils nous renseignent avec autant de fidélité que vos judas plongeant dans vos salons. *(Souriant.)* Et je dois dire que nous les consultons avec le même délicieux frisson. Mais il faut faire vite. Une course contre la montre est engagée. Eux ou nous. Madame Irma, pensez avec vélocité.

IRMA, *la tête dans ses mains :* Je me dépêche, monsieur. Je m'approche, aussi vite que possible, de mon destin... *(A Carmen.)* Va voir ce qu'ils font.

CARMEN : Je les tiens sous clé.

IRMA : Prépare-les.

L'ENVOYÉ, *à Carmen :* Et de vous, que fera-t-on de vous?

CARMEN : Je suis là pour l'éternité, monsieur.

> *Elle sort.*

L'ENVOYÉ : Autre chose, et c'est plus délicat. J'ai parlé d'une image qui depuis quelques jours monte au ciel de la révolte...

IRMA : La révolte aussi a son ciel?

L'ENVOYÉ : Ne l'enviez pas. L'image de Chantal

circule dans les rues. Une image qui lui ressemble
et ne lui ressemble pas. Elle domine les combats.
On luttait d'abord contre les tyrans illustres et
illusoires, ensuite pour la Liberté; demain, c'est
pour Chantal qu'on se fera tuer.

IRMA : L'ingrate! Elle qui était une Diane de
Poitiers si recherchée.

LE CHEF DE LA POLICE : Elle ne tiendra pas. Elle
est comme moi, elle n'a ni père ni mère. Et si elle
devient une image nous nous en servirons. *(Un
temps.)*... Un masque...

L'ENVOYÉ : Ce qu'il y a de beau sur la terre, c'est
aux masques que vous le devez.

> *Soudain une sonnerie. Madame Irma va
> pour se précipiter, mais elle se ravise. Au
> Chef de la Police.*

IRMA : C'est Carmen. Que dit-elle? Que font-ils?

> *Le Chef de la Police prend un des écouteurs.*

LE CHEF DE LA POLICE, *transmettant :* En attendant le moment de rentrer chez eux, ils se
regardent dans les miroirs.

IRMA : Qu'on brise ou qu'on voile les miroirs.

> *Un silence. On entend un crépitement de
> mitrailleuse.*

Ma décision est prise. Je suppose que j'étais
appelée de toute éternité, et que Dieu me bénira. Je
vais aller me préparer dans la prière...

L'ENVOYÉ, *grave :* Vous avez des toilettes?

IRMA : Comme mes salons, mes placards sont
célèbres. *(Soudain inquiète.)* Il est vrai que tout doit

être dans un triste état! Les bombes, le plâtre, la poussière. Prévenez Carmen! Qu'elle fasse brosser les costumes. *(Au Chef de la Police.)* Georges... cette minute est la dernière que nous passons ensemble! Après, ce ne sera plus nous...

> *Discrètement, l'Envoyé s'écarte et s'approche de la fenêtre.*

LE CHEF DE LA POLICE, *avec tendresse :* Mais je t'aime.

L'ENVOYÉ, *se retournant, et d'un ton très détaché :* Pensez à cette montagne au nord de la ville. Tous les ouvriers étaient à l'ouvrage quand la révolte a éclaté... *(Un temps.)* Je parle d'un projet de tombeau...

LE CHEF DE LA POLICE, *avec gourmandise :* Le plan!

L'ENVOYÉ : Plus tard. Une montagne de marbre rouge creusée de chambres et de niches, et au milieu une minuscule guérite de diamants.

LE CHEF DE LA POLICE : J'y pourrai veiller debout ou assis toute ma mort?

L'ENVOYÉ : Celui qui l'aura y sera, mort, pour l'éternité. Autour, le monde s'ordonnera. Autour, les planètes tourneront et les soleils. D'un point secret de la troisième chambre partira un chemin qui aboutira, après bien des complications, à une autre chambre où des miroirs renverront à l'infini... je dis l'infini...

LE CHEF DE LA POLICE, *dans le sens : « d'accord » :* Je marche!

L'ENVOYÉ : L'image d'un mort.

IRMA, *serrant contre elle le Chef de la Police ·*
Ainsi je serai vraie? Ma robe sera vraie? Mes
dentelles, mes bijoux seront vrais? Le reste du
monde...

> *Crépitement de mitrailleuse.*

L'ENVOYÉ, *après avoir jeté un dernier coup d'œil à
travers les volets :* Oui, mais dépêchez-vous. Allez
dans vos appartements. Brodez un interminable
mouchoir... *(Au Chef de la Police.)* Vous, donnez
vos derniers ordres à vos derniers hommes.

> *Il va à un miroir. De sa poche, il sort toute
> une collection de décorations, et il les
> accroche sur sa tunique.*

> *D'un ton canaille.*

Et faites vite. Je perds mon temps à écouter vos
conneries.

HUITIÈME TABLEAU

DÉCOR

C'est le balcon lui-même, se détachant sur la façade d'une maison close. Volets tirés, face au public. Soudain, tous les volets s'ouvrent d'eux-mêmes. Le rebord du balcon se trouve tout au bord de la rampe. Par les fenêtres, on aperçoit l'Évêque, le Général, le Juge, qui se préparent. Enfin la fenêtre s'ouvre à deux battants. Ils pénètrent sur le balcon. D'abord l'Évêque, puis le Général, puis le Juge. Enfin le Héros. Puis la Reine : madame Irma, diadème sur le front, manteau d'hermine. Tous les personnages s'approchent et s'installent avec une grande timidité. Ils sont silencieux. Simplement, ils se montrent. Tous sont de proportion démesurée, géante — sauf le Héros, c'est-à-dire le Chef de la Police — et revêtus de leurs costumes de cérémonie, mais déchirés et poussiéreux. Apparaît alors près d'eux, mais hors du balcon, le Mendiant.

LE MENDIANT, *il crie d'une voix douce :* Vive la Reine!

Il s'en va timidement, comme il est venu.
Enfin, un grand vent fait bouger les rideaux :
paraît Chantal. L'Envoyé la présente, en
silence, à la Reine. La Reine lui fait une
révérence. Un coup de feu. Chantal tombe.
Le Général et la Reine l'emportent, morte.

NEUVIÈME TABLEAU

DÉCOR

La scène représente la chambre d'Irma, mais comme après un ouragan. Au fond, un grand miroir à deux pans formant le mur. A droite, une porte, à gauche, une autre. Trois appareils photographiques sur pied, sont installés. Auprès de chaque appareil un photographe, qui est un jeune homme très déluré d'aspect, blouson noir et blue-jeans collants. Visages ironiques. Puis, à tour de rôle, et très timidement, apparaissent, venant de droite l'Évêque, de gauche, le Juge et le Général. Dès qu'ils se voient, ils se font une profonde révérence. Puis, le Général salue militairement l'Évêque, celui-ci bénit le Général

LE JUGE, *avec un soupir de soulagement :* On revient de loin!

LE GÉNÉRAL : Et ce n'est pas fini! C'est toute une vie qu'il faut inventer... Difficile...

L'ÉVÊQUE, *ironique :* ... ou non, il faudra la vivre. Aucun de nous ne peut plus reculer. Avant de monter dans le carrosse...

LE GÉNÉRAL : La lenteur du carrosse!

L'ÉVÊQUE : ... de monter dans le carrosse, s'évader était encore possible. Mais maintenant...

LE JUGE : Vous pensez qu'on nous aura reconnus? J'étais au milieu, donc masqué par vos deux profils. En face de moi Irma... *(Il s'étonne de ce nom.)* Irma? La Reine... La Reine cachait ma face... Vous?

L'ÉVÊQUE : Aucun danger. Vous savez qui j'ai vu... à droite... *(Il ne peut s'empêcher de rire.)* Avec sa bonne gueule grasse et rose malgré la ville en miettes *(sourire des deux autres comparses)*, avec ses fossettes et ses dents gâtées? Et qui s'est jeté sur ma main... J'ai cru pour me mordre et j'allais retirer mes doigts... pour baiser mon anneau? Qui? Mon fournisseur d'huile d'arachides!

Le Juge rit.

LE GÉNÉRAL, *sombre :* La lenteur du carrosse! Les roues du carrosse sur les pieds, sur les mains du peuple! La poussière!

LE JUGE, *avec inquiétude :* J'étais en face de la Reine. Par la glace du fond, une femme...

L'ÉVÊQUE, *l'interrompant :* Je l'ai vue aussi, à la portière de gauche, elle se dépêchait pour nous jeter des baisers!

LE GÉNÉRAL, *toujours plus sombre :* La lenteur du carrosse! Nous avancions si doucement parmi la foule en sueur! Ses hurlements comme des menaces : ce n'étaient que vivats. Un homme aurait pu couper le jarret des chevaux, tirer un coup de pistolet, détacher l'attelage, nous harnacher, nous attacher aux brancards ou aux chevaux, nous écarteler ou nous transformer en percherons : rien. Quelques fleurs d'une fenêtre et un peuple qui s'incline devant la Reine, droite sous sa couronne dorée... *(Un temps.)* Et les chevaux qui allaient au pas... Et l'Envoyé debout sur le marchepied !

Un silence.

L'ÉVÊQUE : Personne ne pouvait nous reconnaître, nous étions dans les dorures. Aveuglé, tout le monde en avait un éclat dans l'œil...

LE JUGE : Il s'en est fallu de peu...

L'ÉVÊQUE, *toujours ironique :* Épuisés par les combats, étouffés par la poussière, les braves gens attendaient le cortège. Ils n'ont vu que le cortège. En tout cas, nous ne pouvons plus reculer. Nous avons été choisis...

LE GÉNÉRAL : Par qui?

L'ÉVÊQUE, *soudain emphatique :* La Gloire en personne.

LE GÉNÉRAL : Cette mascarade?

L'ÉVÊQUE : Il dépend de nous que cette mascarade change de signification. Employons d'abord des mots qui magnifient. Agissons vite, et avec précision. Pas d'erreurs permises. *(Avec autorité.)* Pour moi, chef symbolique de l'Église de ce pays, j'en veux devenir le chef effectif. Au lieu de bénir, bénir et bénir jusqu'à plus soif, je vais signer des décrets et nommer des curés. Le clergé s'organise. Une basilique est en chantier. Tout est là. *(Il montre un dossier qu'il tenait sous le bras.)* Bourré de plans, de projets. *(Au Juge.)* Et vous?

LE JUGE, *regardant sa montre-bracelet :* J'ai ren-
dez-vous avec plusieurs magistrats. Nous préparons
des textes de lois, une révision du Code. (*Au
Général.*) Vous?

LE GÉNÉRAL : Oh, moi, vos idées traversent ma
pauvre tête comme la fumée traverse une cabane en
planches. L'Art de la Guerre ne se réussit pas de
chic. Les États-Majors...

L'ÉVÊQUE, *coupant :* Comme le reste. Le sort des
armes est lisible dans vos étoiles. Déchiffrez vos
étoiles, nom de Dieu!

LE GÉNÉRAL : Facile à dire. Mais quand le Héros
reviendra posé solide sur son cul comme sur un
cheval... Car, naturellement, il n'y a toujours rien?

L'ÉVÊQUE : Rien. Mais qu'on ne se réjouisse pas
trop vite. Si son image ne connaît pas encore la
consécration du bordel, cela peut venir. Ce sera
alors notre perte. A moins que vous fassiez l'effort
suffisant pour vous emparer du pouvoir.

> *Soudain il s'interrompt. Un des photo-
> graphes a raclé sa gorge, comme pour cra-
> cher, un autre a claqué des doigts comme une
> danseuse espagnole.*

L'ÉVÊQUE, *sévère :* Vous êtes là, en effet. Il vous
faudra opérer vite, et en silence si possible. Vous
prendrez chacun de nos profils, l'un souriant,
l'autre plus sombre.

LE 1er PHOTOGRAPHE : On a bien l'intention de
faire notre métier. (*A l'évêque.*) Pour la prière, en
place! puisque c'est sous l'image d'un homme
pieux qu'on doit noyer le monde.

L'ÉVÊQUE, *sans bouger :* Dans une méditation ardente.

LE 1er PHOTOGRAPHE : Ardente? Arrangez-vous pour l'ardeur.

L'ÉVÊQUE, *mal à son aise :* Mais... comment?

LE 1er PHOTOGRAPHE, *rieur :* Vous ne savez pas vous disposer pour la prière? Alors, à la fois face à Dieu et face à l'objectif. Les mains jointes. La tête levée. Les yeux baissés. C'est la pose classique. Retour à l'ordre, retour au classicisme.

L'ÉVÊQUE, *s'agenouillant :* Comme ceci?

LE 1er PHOTOGRAPHE, *le regardant avec curiosité :* Oui... *(Il regarde l'appareil.)* Non, vous n'êtes pas dans le champ... *(En se traînant sur les genoux l'Évêque entre dans le champ de l'appareil.)* Bien.

LE 2e PHOTOGRAPHE, *au Juge :* S'il vous plaît, allongez un peu les traits de votre visage. Vous n'avez pas tout à fait l'air d'un juge. Une figure plus longue...

LE JUGE : Chevaline? Morose?

LE 2e PHOTOGRAPHE : Chevaline et morose, monsieur le Procureur. Et les deux mains de devant sur votre dossier... Ce que je veux c'est prendre le Juge. Le bon photographe c'est celui qui propose l'image dé-fi-ni-ti-ve. Parfait.

LE 1er PHOTOGRAPHE, *à l'Évêque :* Tournez-vous... un peu...

> *Il lui tourne la tête.*

L'ÉVÊQUE, *en colère :* Vous dévissez le cou d'un prélat!

LE 1ᵉʳ PHOTOGRAPHE : Monseigneur, vous devez prier de trois quarts.

LE 2ᵉ PHOTOGRAPHE, *au Juge* : Monsieur le Procureur, si c'était possible, un peu plus de sévérité... la lèvre pendante... *(Dans un cri.)* Oh! parfait! Ne touchez à rien!

> *Il court derrière l'appareil, mais déjà, il y a un éclair de magnésium : c'est le 1ᵉʳ Photographe qui vient d'opérer. Le 2ᵉ se glisse sous le voile noir de son appareil.*

LE GÉNÉRAL, *au 3ᵉ Photographe* : La plus belle attitude c'est celle de Turenne...

LE 3ᵉ PHOTOGRAPHE, *prenant une pose* : Avec l'épée?

LE GÉNÉRAL : Non, non. Ça c'est Bayard. Non, le bras tendu et le bâton de maréchal...

LE 3ᵉ PHOTOGRAPHE : Ah, vous voulez dire Wellington?

LE GÉNÉRAL : Malheureusement je n'ai pas de bâton...

> *Cependant le 1ᵉʳ Photographe est revenu auprès de l'Évêque qui n'a pas bougé, et il l'examine en silence.*

LE 3ᵉ PHOTOGRAPHE, *au Général* : Nous avons ce qu'il faut. Tenez, et prenez la pose.

> *Il roule une feuille de papier en forme de bâton de maréchal, il le tend au Général qui prend la pose, puis il court à son appareil ; un éclair de magnésium : c'est le 2ᵉ Photographe qui vient d'opérer.*

L'ÉVÊQUE, *au 1ᵉʳ Photographe* : J'espère que le cliché sera réussi. Maintenant, il faudrait inonder le monde de mon image alors que je reçois l'Eucharistie. Hélas, nous n'avons pas d'hostie sous la main...

LE 1ᵉʳ PHOTOGRAPHE : Faites-nous confiance, monseigneur. Dans la corporation, il y a de la ressource. *(Il appelle.)* Monsieur le Procureur? *(Le Juge s'approche.)* Pour un chouette de cliché, vous me prêtez votre main une minute *(D'autorité il le prend par la main et le place.)*, mais que votre main seule paraisse... Là... retroussez un peu votre manche... au-dessus de la langue de Monseigneur vous allez tenir... *(Il cherche dans sa poche. A l'Évêque.)* Tirez la langue. Plus grand. Bien. *(Il cherche toujours dans ses poches. Un éclair de magnésium : c'est le Général qu'on vient de photographier, et qui se relève.)* Merde! J'ai rien du tout! *(Il regarde autour de lui. A l'Évêque.)* Ne bougez pas, c'est parfait. Vous permettez?

> *Sans attendre la réponse il retire de l'orbite du Général son monocle, revient au groupe formé par l'Évêque et le Juge. Il oblige le Juge à tenir le monocle au-dessus de la langue de l'Évêque, comme s'il s'agissait d'une hostie, et il court à son appareil. Un éclair de magnésium.*

> *Depuis un moment, la Reine, qui vient d'entrer avec l'Envoyé, regarde la scène.*

L'ENVOYÉ, *toujours le ton casse-couilles. Qui sait tout depuis ses langes* : C'est une image vraie, née d'un spectacle faux.

LE 1ᵉʳ PHOTOGRAPHE, *gouailleur :* C'est dans les habitudes, Majesté. Quand les révoltés furent faits prisonniers, nous avons payé un gendarme pour qu'il abatte devant nous un homme qui allait me chercher un paquet de cigarettes. La photo représentait un révolté descendu alors qu'il tentait de s'évader.

LA REINE : Monstrueux!

L'ENVOYÉ : Ce qui compte, c'est la lecture ou l'Image. L'Histoire fut vécue afin qu'une page glorieuse soit écrite puis lue. *(Aux photographes.)* La Reine me dit qu'elle vous félicite, messieurs. Elle vous demande de gagner vos postes.

> *Les trois photographes se placent sous le voile noir de leur appareil.*

> *Un silence*

LA REINE, *tout bas, comme pour elle-même :* Il n'est pas là?

L'ENVOYÉ, *aux Trois Figures :* La Reine voudrait savoir ce que vous faites, ce que vous comptez faire?

L'ÉVÊQUE : Nous récupérions le plus de morts possibles. Nous comptions les embaumer et les déposer dans notre ciel. Votre Grandeur exige que vous ayez fait une hécatombe parmi les rebelles. Nous ne garderons pour nous, tombés dans nos rangs, que quelques martyrs à qui nous rendrons des honneurs qui nous honorent.

LA REINE, *à l'Envoyé :* Cela servira ma gloire, n'est-ce pas?

L'ENVOYÉ, *souriant :* Les massacres sont encore

une fête où le peuple s'en donne à cœur joie de nous haïr. Je parle bien sûr de « notre » peuple. Il peut, enfin, dans son cœur nous dresser une statue pour la larder de coups. Je l'espère du moins.

LA REINE : La mansuétude ni la bonté ne peuvent donc rien?

L'ENVOYÉ, *ironique* : Un salon Saint-Vincent-de-Paul?

LA REINE, *agacée* : Vous, monsieur le Juge, que fait-on? J'avais ordonné moins de condamnations à mort et davantage aux travaux forcés. J'espère que les galeries souterraines sont achevées? *(A l'Envoyé.)* C'est ce mot de galériens que vous avez prononcé, qui me fait songer aux galeries du mausolée. Achevées?

LE JUGE : Complètement. Ouvertes au public, qui visite le dimanche. Certaines voûtes sont tout entières ornées des squelettes des condamnés morts au terrassement.

LA REINE, *vers l'Évêque* : Et l'église? Quiconque n'a pas travaillé au moins une semaine à cette extraordinaire chapelle est en état de péché mortel, je suppose? *(L'Évêque s'incline. Au Général.)* Quant à vous, je connais votre sévérité : vos soldats surveillent les ouvriers, et ils ont bien mérité le beau nom de bâtisseurs. *(Souriant tendrement avec une feinte fatigue.)* Car vous le savez, messieurs, que je veux offrir ce tombeau au Héros. Vous connaissez sa tristesse, n'est-ce pas, et comme il peut souffrir de n'être pas encore représenté.

LE GÉNÉRAL, *s'enhardissant* : Il aura beaucoup de mal pour arriver à la gloire. Les places sont prises depuis longtemps. Chaque niche a sa statue. *(Avec fatuité.)* Nous, au moins...

LE JUGE : C'est toujours ainsi quand on veut partir de très bas. Et surtout, en niant, ou en négligeant les données traditionnelles. L'acquit, en quelque sorte.

LA REINE, *soudain vibrante :* Pourtant c'est lui qui a tout sauvé. Il vous a permis de poursuivre vos cérémonies.

L'ÉVÊQUE, *arrogant :* Pour être francs, madame, nous n'y songeons déjà plus. Moi, mon jupon m'embarrasse et je me prends les pattes dans la guipure. Il va falloir agir.

LA REINE, *indignée :* Agir ? Vous ? Vous voulez dire que vous allez nous déposséder de notre pouvoir ?

LE JUGE : Il faut bien que nous remplissions nos fonctions ?

LA REINE : Fonctions ! Vous songez à l'abattre, à le diminuer, prendre sa place ! Fonctions ! Fonctions !

L'ÉVÊQUE : Dans le temps, — dans le temps ou dans un lieu ! — il existe peut-être de hauts dignitaires chargés de l'absolue dignité, et revêtus d'ornements véritables...

LA REINE, *très en colère :* Véritables ! Et ceux-là, alors ? Ceux qui vous enveloppent et vous bandent — toute mon orthopédie ! — et qui sortent de mes ·placards, ils ne sont pas véritables. Pas véritables ! Pas véritables !

L'ÉVÊQUE, *montrant l'hermine du Juge, la soie de sa robe, etc. :* Peau de lapin, satinette, dentelle à la machine... vous croyez que toute notre vie nous allons nous contenter d'un simulacre ?

LA REINE, *outrée :* Mais ce matin...

> *Elle s'interrompt. Doucement, humblement, entre le Chef de la Police.*

Georges, méfie-toi d'eux !

LE CHEF DE LA POLICE, *essayant de sourire :* Je crois que... la victoire... nous tenons la victoire... Je peux m'asseoir ?

> *Il s'assied. Puis, du regard, il semble interroger tout le monde.*

L'ENVOYÉ, *ironique :* Non, personne n'est encore venu. Personne n'a encore éprouvé le besoin de s'abolir dans votre fascinante image.

LE CHEF DE LA POLICE : Les projets que vous m'avez soumis ont donc peu d'efficacité. *(A la Reine.)* Rien ? Personne ?

LA REINE, *très douce, comme on console un gosse :* Personne. Pourtant, on a refermé les persiennes, les hommes devraient venir. D'ailleurs le dispositif est en place et nous serons prévenus par un carillon.

L'ENVOYÉ, *au Chef de la Police :* Mon projet de ce matin vous a déplu. Or c'est cette image de vous-même qui vous hante et qui doit hanter les hommes.

LE CHEF DE LA POLICE : Inefficace.

L'ENVOYÉ, *montrant un cliché :* Le manteau rouge du bourreau, et sa hache. Je proposais le rouge amarante, et la hache d'acier.

LA REINE, *irritée :* Salon 14, dit Salon des Exécutions capitales. Déjà représenté.

LE JUGE, *aimable, au Chef de la Police :* On vous craint, cependant.

LE CHEF DE LA POLICE : J'ai peur qu'on craigne, qu'on jalouse un homme, mais... *(Il cherche.)* mais non une ride, par exemple, ou une boucle de cheveux... ou un cigare... ou une cravache. Le dernier projet d'image qu'on m'a soumis... j'ose à peine vous en parler.

LE JUGE : C'était... très audacieux?

LE CHEF DE LA POLICE : Très. Trop. Jamais je n'oserai vous le dire. *(Soudain il semble se décider.)* Messieurs, j'ai assez de confiance dans votre jugement et dans votre dévouement. Après tout, je veux mener le combat aussi par l'audace des idées. Voici : on m'a conseillé d'apparaître sous la forme d'un phallus géant, d'un chibre de taille.

Les Trois Figures et la Reine sont consternées.

LA REINE : Georges! Toi?

LE CHEF DE LA POLICE : Si je dois symboliser la nation, ton claque...

L'ENVOYÉ, *à la Reine :* Laissez, madame. C'est le ton de l'époque.

LE JUGE : Un phallus? Et de taille? Vous voulez dire : énorme?

LE CHEF DE LA POLICE : De ma taille.

LE JUGE : Mais c'est très difficile à réaliser.

L'ENVOYÉ : Pas tellement. Les techniques nouvelles, notre industrie du caoutchouc permettraient de très belles mises au point. Non, ce n'est pas cela qui m'inquiète, mais plutôt... *(Se tournant vers l'Évêque.)* ... ce qu'en penserait l'Église?

L'ÉVÊQUE, *après réflexion, et haussant les épaules :*
Rien de définitif ne peut être prononcé ce soir.
Certes, l'idée est audacieuse *(Au Chef de la
Police.),* mais si votre cas est désespéré, nous
devrons examiner la question. Car... ce serait une
redoutable figuration, et si vous deviez vous trans-
mettre sous cette forme, à la postérité...

LE CHEF DE LA POLICE, *doucement :* Vous voulez
voir la maquette ?

LE JUGE, *au Chef de la Police :* Vous avez tort de
vous impatienter. Nous, nous avons attendu deux
mille ans pour mettre au point notre personnage.
Espérez...

LE GÉNÉRAL, *l'interrompant :* La gloire s'obtient
dans les combats. Vous n'avez pas assez de soleils
d'Austerlitz. Combattez, ou asseyez-vous et attendez les deux mille ans réglementaires.

Tout le monde rit.

LA REINE, *avec violence .* Vous vous foutez de sa
peine. Et c'est moi qui vous ai désignés ! Moi qui
vous ai dénichés dans la chambre de mon bordel et
embauchés pour sa gloire. Et vous avez accepté de
me servir.

Un silence.

L'ÉVÊQUE, *décidé :* C'est ici que se pose, et très
sérieusement, la question : allez-vous vous servir de
ce que nous représentons, ou bien nous... *(Il
montre les deux autres Figures.)* ... allons-nous vous
faire servir ce que nous représentons ?

LA REINE, *soudain en colère :* Des pantins qui sans
leur peau de lapin, comme vous dites, ne seraient

rien, vous un homme qu'on a fait danser nu —
c'est-à-dire dépiauté! sur les places publiques de
Tolède et de Séville! et qui dansait! Au bruit des
castagnettes! Vos conditions, monseigneur?

L'ÉVÊQUE : Ce jour-là, il fallait danser. Quant à la
peau de lapin, si elle est ce qu'elle doit être :
l'image sacrée de l'hermine, elle en a la puissance
indiscutable.

LE CHEF DE LA POLICE : Pour le moment

L'ÉVÊQUE, *s'échauffant :* Justement. Tant que nous
étions dans une chambre de bordel, nous apparte-
nions à notre propre fantaisie. de l'avoir exposée,
de l'avoir nommée, de l'avoir publiée, nous voici
liés avec les hommes, liés à vous, et contraints de
continuer cette aventure selon les lois de la visibi-
lité.

LE CHEF DE LA POLICE · Vous n'avez aucun
pouvoir. Moi seul..

L'ÉVÊQUE : Alors, nous rentrons dans nos
chambres y poursuivre la recherche d'une dignité
absolue. Nous y étions bien et c'est vous qui êtes
venu nous en tirer. Car c'était un bon état. Une
situation de tout repos. dans la paix, dans la
douceur, derrière des volets, derrière des rideaux
molletonnés, protégés par des femmes attentives,
protégés par une police qui protège les boxons,
nous pouvions être juge, général, évêque, jusqu'à la
perfection et jusqu'à la jouissance! De cet état
adorable, sans malheur, vous nous avez tirés
brutalement.

LE GÉNÉRAL, *interrompant l'Évêque* Ma culotte!
Quand j'enfilais ma culotte, quel bonheur! A

présent, je dors avec ma culotte de général, je
mange avec ma culotte, je valse — quand je valse!
— dans ma culotte, je vis dans ma culotte de
général. Je suis général comme on est évêque!

LE JUGE : Je ne suis qu'une dignité représentée
par un jupon.

LE GÉNÉRAL, *à l'Évêque :* A aucun moment je ne
peux me préparer! — autrefois c'était un mois à
l'avance! — me préparer à enfiler ma culotte ni mes
bottes de général. Je les ai, pour l'éternité, autour
des pattes. Je ne rêve plus, ma parole.

L'ÉVÊQUE, *au Chef de la Police :* Vous voyez, il ne
rêve plus. La pureté ornementale, notre luxueuse et
stérile — et sublime — apparence est rongée. Elle
ne se retrouvera plus : soit. Mais cette douceur
amère de la responsabilité, son goût nous est resté
et nous le trouvons agréable. Nos chambres ne sont
plus secrètes. Vous parliez de danser? Vous évo-
quiez cette soirée fameuse où dépouillé — ou
dépiauté, prenez le mot qui vous amuse — de nos
ornements sacerdotaux, nous avons dû danser nu
sur les places espagnoles. J'ai dansé, je le reconnais,
sous les rires, mais au moins, je dansais. Tandis
qu'à présent, si un jour j'en ai envie, il faudra qu'en
cachette, je me rende au *Balcon*, où il doit y avoir
une chambre préparée pour les prélats qui se
veulent ballerines quelques heures par semaine.
Non, non... Nous allons vivre dans la lumière, mais
avec ce que cela implique. Magistrat, soldat, prélat,
nous. allons agir afin de réduire sans cesse nos
ornements! Nous allons les faire servir! Mais pour
qu'ils servent, et nous servent — puisque c'est

votre ordre que nous avons choisi de défendre —,
il faut que vous les reconnaissiez le premier et leur
rendiez hommage.

LE CHEF DE LA POLICE, *calme :* Non le cent
millième reflet d'un miroir qui se répète, je serai
l'Unique, en qui cent mille veulent se confondre.
Sans moi vous étiez tous foutus. Et l'expression « à
plates coutures » avait un sens. *(Il va reprendre de
plus en plus d'autorité.)*

LA REINE, *à l'Évêque, insinuante :* C'est vous ce
soir qui portez cette robe, parce que vous n'avez
pas pu déguerpir à temps de mes salons. Vous
n'arriviez pas à vous arracher d'un de vos cent mille
reflets, mais la clientèle rapplique... On ne se
bouscule pas encore, mais Carmen a enregistré
plusieurs entrées... *(Au Chef de la Police.)* Ne te
laisse pas intimider. Avant la révolte ils étaient
nombreux... *(A l'Évêque.)* Si vous n'aviez pas eu
l'idée abominable de faire assassiner Chantal...

L'ÉVÊQUE, *faussement apeuré :* Balle perdue!

LA REINE : Perdue ou non la balle, Chantal a été
assassinée sur le Balcon, sur MON Balcon! Alors
qu'elle revenait ici pour me voir, pour revoir sa
patronne...

L'ÉVÊQUE : J'ai eu la présence d'esprit d'en faire
une de nos saintes.

LE CHEF DE LA POLICE : Attitude traditionnelle.
Réflexe d'homme d'Église. Mais il ne faut pas vous
en féliciter. Son image, clouée sur notre drapeau,
n'a guère de pouvoir. Ou plutôt... on me rapporte
de partout que d'avoir pu prêter à l'équivoque,

Chantal est condamnée par ceux qu'elle devait sauver...

LA REINE, *inquiète :* Mais alors, tout recommence!

> *A partir de cet instant la Reine et le Chef de la Police paraîtront très agités. La Reine ira tirer les rideaux d'une fenêtre après avoir essayé de regarder dans la rue.*

L'ENVOYÉ : Tout.

LE GÉNÉRAL : Il va falloir... remonter en carrosse? La lenteur du carrosse!

L'ÉVÊQUE : Chantal, si je l'ai fait abattre, puis canoniser, si j'ai fait écarteler son image sur le drapeau...

LA REINE : C'est mon image qui devrait s'y trouver...

L'ENVOYÉ : Vous êtes déjà sur les timbres-poste, sur les billets de banque, sur les cachets des commissariats.

LE GÉNÉRAL : La lenteur du carrosse...

LA REINE : Je ne serai donc jamais qui je suis?

L'ENVOYÉ : Jamais plus.

LA REINE : Chaque événement de ma vie : mon sang qui perle si je m'égratigne...

L'ENVOYÉ : Tout s'écrira pour vous avec une majuscule.

LA REINE : Mais c'est la Mort?

L'ENVOYÉ : C'est Elle.

LE CHEF DE LA POLICE, *soudain autoritaire :* Pour vous tous, c'est la Mort, et c'est pourquoi je suis sûr de vous. Au moins, tant que je ne serai pas représenté. Car après, je n'aurai plus qu'à me

reposer. *(Inspiré.)* D'ailleurs, à une soudaine fai-
blesse de mes muscles, je saurai que mon image
s'échappe de moi et va hanter les hommes. Alors,
ma fin visible sera prochaine. Pour le moment, et
s'il faut agir... *(A l'Évêque.)* qui prendra de
véritables responsabilités? Vous? *(Il hausse les
épaules.)* Soyez logiques : si vous êtes ce que vous
êtes, juge, général, évêque, c'est que vous avez
désiré le devenir, et désiré qu'on sache que vous
l'êtes devenu. Vous avez donc fait ce qu'il fallait
pour vous porter là, et vous y porter aux yeux de
tous. C'est cela?

LE GÉNÉRAL : A peu près.

LE CHEF DE LA POLICE : Bien. Vous n'avez donc
jamais accompli un acte pour l'acte lui-même, mais
toujours pour que cet acte, accroché à d'autres,
fasse un évêque, un juge, un général...

L'ÉVÊQUE : C'est vrai et c'est faux. Car chaque
acte contenait en lui-même son ferment de nou-
veauté.

LE JUGE : Nous en acquérions une dignité plus
grave.

LE CHEF DE LA POLICE : Sans doute, monsieur le
Juge, mais cette dignité, qui est devenue aussi
inhumaine qu'un cristal, vous rend impropre au
gouvernement des hommes. Au-dessus de vous,
plus sublime que vous, il y a la Reine. C'est d'elle
que, pour le moment, vous tirez votre pouvoir et
votre droit. Au-dessus d'elle, à qui elle se réfère, il y
a notre étendard où j'ai fait écarteler l'image de
Chantal victorieuse, notre sainte.

L'ÉVÊQUE, *agressif :* Au-dessus de Sa Majesté —

que nous vénérons — et de son drapeau, il y a Dieu, qui parle par ma voix.

LE CHEF DE LA POLICE, *irrité :* Et au-dessus de Dieu?

Silence.

Eh bien, messieurs, il y a vous, sans qui Dieu ne serait rien. Et au-dessus de Vous, il y a Moi, sans qui...

LE JUGE : Et le peuple? Les photographes?

LE CHEF DE LA POLICE, *il devient sarcastique :* A genoux devant le peuple qui est à genoux devant Dieu, donc... *(Tous éclatent de rire.)* C'est pourquoi je veux que vous me serviez. Mais, tout à l'heure vous parliez bien? Je dois donc rendre hommage à votre éloquence, à votre facilité d'élocution, à la limpidité de votre timbre, à la puissance de votre organe. Or, je n'étais qu'un homme d'action, empêtré dans mes mots et dans mes idées quand elles ne sont pas immédiatement appliquées, c'est pourquoi, je me demande si je vous renverrai à la niche. Je ne le ferai pas. En tout cas, pas tout de suite car... vous y êtes déjà.

LE GÉNÉRAL : Monsieur!

LE CHEF DE LA POLICE, *il pousse le Général qui culbute et reste assis par terre, ahuri :* Couché! Couché, général!

LE JUGE : Ma jupe peut se retrousser...

LE CHEF DE LA POLICE, *il pousse le Juge qui culbute :* Couché! Puisque vous désirez être reconnu comme juge, vous voulez le demeurer selon l'idée que j'en ai? Et selon le sens général qui s'attache à vos dignités. Bien Il faut donc que j'aille vers toujours plus de reconnaissance en ce sens. Oui ou non?

> *Personne ne répond.*

Eh bien? Oui ou non?

> *L'Évêque s'écarte, prudemment.*

LA REINE, *mielleuse :* Excusez-le, s'il s'emporte. Je sais bien, moi, messieurs, ce que vous veniez chercher chez moi : vous, monseigneur, par des voies rapides, décisives, une évidente sainteté. L'or de mes chasubles était pour peu de chose, j'en suis sûre. Ce n'est pas une grossière ambition qui vous amenait derrière mes volets fermés. L'Amour de Dieu s'y trouvait caché. Je le sais. Vous, monsieur le Procureur, vous étiez bel et bien guidé par un souci de justice puisque c'est l'image d'un justicier que vous vouliez voir renvoyée mille fois par mes glaces, et vous, général, c'est la gloire militaire, c'est le courage et le fait héroïque qui vous hantaient Alors, laissez-vous aller, doucement, sans trop de scrupules..

> *Les uns après les autres, les trois hommes laissent fuser un immense soupir.*

LE CHEF DE LA POLICE . Cela vous soulage, n'est-ce pas? En réalité, vous ne teniez pas à sortir de vous-même, ni à communiquer, fût-ce par des actes méchants, avec le monde. Je vous comprends. *(Amical.)* Mon personnage, hélas, est encore en mouvement. Bref, comme vous devez le savoir, il n'appartient pas à la nomenclature des bordels.

LA REINE : Au guide rose.

LE CHEF DE LA POLICE : Oui, au guide rose. *(Aux Trois Figures.)* Voyons, messieurs, vous n'auriez pas pitié du pauvre homme que je suis? *(Il les regarde tour à tour.)* Voyons, messieurs, votre cœur serait donc sec? C'est pour vous, que furent mis au point, par d'exquis tâtonnements, ces salons et ces Rites illustres. Ils ont nécessité un long travail, une infinie patience, et vous remonteriez à l'air libre? *(Presque humblement et paraissant soudain très fatigué.)* Attendez encore un peu. Pour le moment, je suis encore bourré d'actes à venir, bourré d'actions... mais dès que je me sentirai me multiplier infiniment, alors... alors, cessant d'être dur, j'irai pourrir dans les consciences. Et vous, alors, vous retrouvez vos jupons si vous voulez, et mettez-vous en route pour le boulot. *(A l'Évêque.)* Vous vous taisez... *(Un long silence.)* Vous avez raison... Taisons-nous, et attendons... *(Un long et lourd silence.)* ... C'est peut-être maintenant... *(A voix basse et humble.)* que se prépare mon apothéose...

> *Tout le monde attend, c'est visible. Puis, comme furtivement, par la porte de gauche, paraît Carmen. C'est d'abord l'Envoyé qui la voit, il la montre silencieusement à la Reine. La Reine fait signe à Carmen de se retirer, mais Carmen au contraire avance d'un pas.*

LA REINE, *à voix presque basse :* J'avais interdit qu'on nous dérange. Que veux-tu?

> *Carmen s'approche.*

CARMEN : J'ai voulu sonner, mais les dispositifs

ne fonctionnent pas bien. Excusez-moi. Je voudrais vous parler.

LA REINE : Eh bien oui, parle, décide-toi.

CARMEN, *hésitant :* C'est... je ne sais pas...

LA REINE, *résignée :* Alors, à la Cour comme à la Cour, et parlons bas.

> *Elle prête ostensiblement l'oreille à Carmen qui se penche et murmure quelques mots. La Reine paraît très troublée.*

LA REINE : Tu es sûre?

CARMEN : Oui, madame.

> *La Reine, précipitamment, sort à gauche, suivie de Carmen. Le Chef de la Police veut les suivre, mais l'Envoyé intervient.*

L'ENVOYÉ : On ne suit pas Sa Majesté.

LE CHEF DE LA POLICE : Mais que se passe-t-il? Où va-t-elle?

L'ENVOYÉ, *ironique :* Broder. La Reine brode et elle ne brode pas... Vous connaissez le refrain? La Reine gagne sa réalité quand elle s'éloigne, s'absente, ou meurt.

LE CHEF DE LA POLICE : Et dehors, que se passe-t-il? (*Au Juge.*) Vous avez des nouvelles?

LE JUGE : Ce que vous nommez le dehors est aussi mystérieux pour nous que nous le sommes pour lui.

L'ÉVÊQUE : Je tâcherai de vous dire la désolation de ce peuple qui croyait, en se révoltant, s'être libéré. Hélas — ou plutôt grâce au Ciel! — il n'y aura jamais de mouvement assez puissant pour détruire notre imagerie.

LE CHEF DE LA POLICE, *presque tremblant :* Vous croyez donc que j'ai ma chance?

L'ÉVÊQUE : Vous êtes on ne peut mieux placé. Partout, dans toutes les familles, dans toutes les institutions, c'est la consternation. Les hommes ont tremblé si fort que votre image commence à les faire douter d'eux-mêmes.

LE CHEF DE LA POLICE : Ils n'ont plus d'espoir qu'en moi?

L'ÉVÊQUE : Ils n'ont plus d'espoir qu'en un naufrage définitif.

LE CHEF DE LA POLICE : En somme je suis comme un étang où ils viendraient se regarder?

LE GÉNÉRAL, *ravi, et éclatant de rire :* Et s'ils se penchent un peu trop, ils tombent et se noient. D'ici peu vous serez plein de noyés! *(Personne ne semble partager sa gaieté.)* Enfin... ils ne sont pas encore au bord!... *(Gêné.)* Attendons.

Un silence.

LE CHEF DE LA POLICE : Vous pensez vraiment que le peuple a connu un espoir fou? Et que perdant tout espoir il perdrait tout? Et que perdant tout il viendra se perdre en moi?...

L'ÉVÊQUE : Cela risque de se produire. Et c'est à notre corps défendant, croyez-le.

LE CHEF DE LA POLICE : Quand cette consécration définitive me sera offerte...

L'ENVOYÉ, *ironique :* Pour vous, mais pour vous seul, pendant une seconde la Terre cessera de tourner.

Soudain la porte de gauche s'ouvre, et paraît la Reine rayonnante.

LA REINE : Georges!

Elle tombe dans les bras du Chef de la Police.

LE CHEF DE LA POLICE, *incrédule* : Ce n'est pas vrai? *(La Reine fait avec la tête le signe « oui ».)* Mais où?... Quand?

LA REINE, *très émue* : Là!... Maintenant... salon...

LE CHEF DE LA POLICE : Tu te fiches de moi, je n'ai rien entendu.

Soudain une sonnerie énorme, une sorte de carillon.

Alors, c'est vrai? C'est pour moi?

Il repousse la Reine, et solennel alors que la sonnerie s'est arrêtée.

Messieurs, j'appartiens à la Nomenclature! *(A la Reine.)* Mais tu es sûre, au moins?

La sonnerie reprend, puis elle s'arrête.

LA REINE : C'est moi qui l'ai reçu et qui l'ai introduit dans le salon du Mausolée. Celui que l'on construisait en ton honneur. J'ai laissé Carmen faire les préparatifs, et j'ai couru pour te prévenir. Je suis en nage...

La sonnerie reprend, puis s'arrête.

L'ÉVÊQUE, *sombre* : Nous sommes foutus.

LE CHEF DE LA POLICE : Les dispositifs fonctionnent? On peut voir...

Il se dirige à gauche, suivi de la Reine.

L'ENVOYÉ : Ce n'est pas l'usage... C'est sale...

LE CHEF DE LA POLICE, *haussant les épaules :* Où est le mécanisme? *(A la Reine.)* Regarde avec moi.

> *Il se place à gauche, en face d'une petite lucarne. Après une courte hésitation, le Juge, le Général et l'Évêque se placent à droite, à une autre lucarne, symétrique à la première. Puis, très silencieusement, le double miroir formant le fond de la scène s'écarte et montre l'intérieur du salon Spécial. Résigné, à son tour, l'Envoyé va se placer auprès de la Reine et du Chef de la Police.*

DESCRIPTION DU SALON DU MAUSOLÉE

> *Quelque chose comme l'intérieur d'une tour — ou d'un puits. Les pierres du mur, circulaire, sont visibles. Un escalier, dans le fond, descend. Au centre de ce puits semble s'en trouver un autre, où s'amorce un escalier. Aux murs, quatre couronnes de laurier, ornées d'un crêpe. Quand le panneau s'est écarté, Roger est au milieu de l'escalier, qu'il descend. Carmen semble le guider. Roger est vêtu comme le Chef de la Police mais monté sur les mêmes patins que les Trois Figures, il paraît plus grand. Ses épaules aussi sont élargies. Il descend l'escalier au son d'un tambour qui rythme sa descente.*

CARMEN, *s'approchant et lui tendant un cigare :* Offert par la maison.

ROGER, *il met le cigare à sa bouche :* Merci.

CARMEN, *intervenant :* Le feu : là. Ici, la bouche. *(Elle tourne le cigare dans le bon sens.)* C'est votre premier cigare?

ROGER : Oui... *(Un temps.)* Je ne te demande pas ton avis. Tu es là pour me servir. J'ai payé...

CARMEN : Excusez-moi, monsieur.

ROGER : L'esclave?

CARMEN : On le détache.

ROGER : Il est au courant?

CARMEN : De tout. Vous êtes le premier, vous inaugurez ce salon, mais vous savez, les scénarios sont tous réductibles à un thème majeur...

ROGER : Et c'est?

CARMEN : La mort.

ROGER, *touchant les murs :* Ainsi, c'est mon tombeau?

CARMEN, *rectifiant :* Mausolée.

ROGER : Combien d'esclaves y travaillent?

CARMEN : Le peuple entier, monsieur. Une moitié de la population, la nuit, l'autre le jour. Comme vous l'avez demandé, c'est toute la montagne qui sera ouvragée. L'intérieur aura la complexité d'un nid de termites ou de la basilique de Lourdes, on ne sait pas encore. Du dehors personne ne verra rien. On saura seulement que la montagne est sacrée, mais dedans, déjà les tombeaux s'enchâssent dans les tombeaux, les cénotaphes dans les cénotaphes, les cercueils dans les cercueils, les urnes...

ROGER : Et là, où je suis?

CARMEN, *geste de dénégation :* Une antichambre. Une antichambre qui se nomme Vallée de los

Caïdos. *(Elle monte l'escalier souterrain.)* Tout à l'heure, vous descendrez plus bas.

ROGER : Je ne dois pas espérer remonter à l'air?

CARMEN : Mais... vous en auriez gardé l'envie.

Un silence.

ROGER : Vraiment, personne n'est venu avant moi?

CARMEN : Dans ce... tombeau, ou dans ce... salon?

Un silence.

ROGER : Il n'y a vraiment rien qui cloche? Mon costume? Ma perruque?

> *Auprès de sa lucarne, le Chef de la Police se tourne vers la Reine.*

LE CHEF DE LA POLICE : Il savait que je porte perruque?

L'ÉVÊQUE, *ricanant, au Juge et au Général :* Lui seul ne sait pas qu'on le sait.

CARMEN, *à Roger :* Il y a longtemps qu'on y a réfléchi. Tout est au point. C'est à vous de faire le reste.

ROGER, *inquiet :* Tu sais, je cherche, moi aussi. Il faut que je me fasse une idée du Héros, et Il ne s'est jamais beaucoup manifesté.

CARMEN : C'est pourquoi nous vous avons conduit au salon du Mausolée. Ici, pas trop d'erreurs possibles, ni de fantaisies.

Un temps.

ROGER   Je serai seul?

CARMEN : Tout est calfeutré. Les portes sont capitonnées, les murs aussi.

ROGER, *hésitant :* Et... le mausolée?

CARMEN, *avec force :* Taillé dans le roc. La preuve, l'eau qui suinte des parois. Le silence? Mortel. La lumière? L'obscurité est si compacte que vos yeux ont su développer des qualités incomparables. Le froid? Oui, celui de la mort. Un travail gigantesque a forcé le massif. Les hommes continuent à gémir pour vous creuser une niche de granit. Tout prouve que vous êtes aimé et vainqueur.

ROGER : A gémir? Est-ce que... est-ce que je pourrai entendre des gémissements?

> *Elle se tourne vers un trou percé au pied de la muraille et d'où sort la tête du Mendiant, celui qu'on a vu au huitième tableau. Il est maintenant l'Esclave.*

CARMEN : Approche!

> *L'Esclave entre en rampant.*

ROGER, *considérant l'Esclave :* C'est ça?

CARMEN : Il est beau, n'est-ce pas? Il est maigre, il a des poux et des plaies. Il rêve de mourir pour vous. Maintenant, je vous laisse seul?

ROGER : Avec lui? Non, non. *(Un temps.)* Reste. Tout se passe toujours en présence d'une femme. C'est pour que le visage d'une femme soit témoin, que, d'habitude...

> *Soudain on entend un bruit de marteau frappant sur une enclume, puis un coq chanter.*

La vie est si proche?

CARMEN, *voix normale, non jouée :* Je vous l'ai dit, tout est calfeutré, mais les bruits réussissent toujours à filtrer. Cela vous gêne? La vie reprend peu à peu... comme avant...

ROGER, *il paraît inquiet :* Oui, comme avant...

CARMEN, *avec douceur :* Vous étiez?

ROGER, *très triste :* Oui. Tout est foutu... Et le plus triste c'est qu'on dit : « La révolte était belle! »

CARMEN : Il ne faut plus y penser. Et ne plus écouter les bruits du dehors. D'ailleurs, il pleut. Sur toute la montagne une tornade s'est abattue. *(Voix jouée.)* Ici vous êtes chez vous. *(Montrant l'Esclave.)* Faites-le parler.

ROGER, *à l'Esclave et jouant son rôle :* Car tu sais parler? Et faire quoi d'autre, encore?

L'ESCLAVE, *couché sur le ventre .* D'abord me courber, puis me tasser un peu plus. *(Il prend le pied de Roger et le pose sur son propre dos.)* Comme ceci!... et même...

ROGER, *impatient :* Oui... et même?

L'ESCLAVE : M'enliser, si c'est possible.

ROGER, *tirant sur son cigare :* T'enliser, vraiment? Mais, il n'y a pas de boue?

LA REINE, *parlant à la cantonade :* Il a raison. Nous aurions dû prévoir la boue. Dans une maison bien tenue... Mais c'est le jour d'ouverture, et il étrenne le salon...

L'ESCLAVE, *à Roger :* Je la sens tout autour de mon corps, monsieur. J'en ai partout, excepté dans ma bouche, ouverte pour qu'en sortent vos louanges, et ces gémissements qui me rendirent célèbre.

ROGER : Célèbre, tu es célèbre, toi?

L'ESCLAVE : Célèbre par mes chants, monsieur, mais qui disen. votre gloire.

ROGER : a gloire accompagne donc la mienne. *(A Carmen 'I* veut dire que ma réputation sera nécessairement portée par ses paroles? Et... s'il se tait je n'existerai plus?...

CARMEN, *sèche :* Je voudrais bien vous satisfaire, mais vous posez des questions qui ne sont pas prévues dans le scénario.

ROGER, *à l'esclave :* Mais toi, qui te chante?

L'ESCLAVE : Personne. Je meurs.

ROGER : Mais sans moi, sans ma sueur, sans mes larmes, ni mon sang, que serais-tu?

L'ESCLAVE : Rien.

ROGER, *à l'Esclave :* Tu chantes? Mais que fais-tu encore?

L'ESCLAVE : Nous faisons tout notre possible pour être toujours plus indigne de vous.

ROGER : Quoi, par exemple?

L'ESCLAVE : Nous nous efforçons de pourrir sur pied. Et ce n'est pas toujours facile, croyez-moi. La vie voudrait être la plus forte... Mais nous tenons bon. Nous diminuons un peu plus chaque...

ROGER : Jour?

L'ESCLAVE : Semaine.

LE CHEF DE LA POLICE, *à la cantonade :* C'est peu. Avec un peu d'effort...

L'ENVOYÉ, *au Chef de la Police :* Silence. Laissez-les aller jusqu'au bout de leur rôle...

ROGER : C'est peu. Avec un peu d'effort...

L'ESCLAVE, *exalté :* Avec joie, Excellence. Vous êtes si beau. Si beau que je me demande si vous resplendissez ou si vous êtes toute l'ombre de toutes les nuits.

ROGER : Quelle importance, puisque je ne dois plus avoir de réalité que dans la réalité de tes phrases.

L'ESCLAVE, *se traînant en direction de l'escalier ascendant :* Vous n'avez ni bouche, ni yeux, ni oreilles, mais tout en vous n'est qu'une bouche qui tonne, en même temps qu'un œil qui étonne et qui veille...

ROGER : Tu le vois toi, mais... les autres le savent-ils ? La nuit le sait-elle ? La mort ? Les pierres ? Les pierres, que disent les pierres ?

L'ESCLAVE, *se traînant toujours sur le ventre, et commençant à monter — en rampant — l'escalier :* Les pierres disent...

ROGER : Eh bien, j'écoute ?

L'ESCLAVE, *s'arrêtant de ramper, tourné vers le public :* Le ciment qui nous tient attachées les unes aux autres pour former ton tombeau...

LE CHEF DE LA POLICE, *tourné vers le public, et se frappant la poitrine, joyeux :* Les pierres me tutoient !

L'ESCLAVE, *enchaînant :* ... Le ciment est pétri de larmes, de crachats et de sang. Posés sur nous, les yeux et les mains des maçons nous ont collé le chagrin. Nous sommes à toi, et rien qu'à toi.

L'Esclave reprend son ascension.

ROGER, *s'exaltant de plus en plus :* Tout parle de moi! Tout respire et tout m'adore! Mon histoire fut vécue afin qu'une page glorieuse soit écrite, puis lue. Ce qui compte, c'est la lecture.

> *Soudain s'apercevant que l'Esclave a dis-paru, à Carmen :* Mais... où va-t-il?... Où est-il?...

CARMEN : Chanter. Il remonte à l'air. Il dira... qu'il a porté vos pas... et que...

ROGER, *inquiet :* Oui, et que?... Que dira-t-il d'autre?

CARMEN : La vérité : que vous êtes mort, ou plutôt que vous n'arrêtez pas de mourir et que votre image, comme votre nom, se répercute à l'infini.

ROGER : Il sait que mon image est partout?

CARMEN : Inscrite, gravée, imposée par la peur, elle est partout.

ROGER : Dans la paume des dockers? Dans les jeux des gamins? Sur les dents des soldats? Dans la guerre?

CARMEN : Partout.

LE CHEF DE LA POLICE, *à la cantonade :* J'ai donc gagné?

LA REINE, *attendrie :* Tu es heureux?

LE CHEF DE LA POLICE : Tu as bien travaillé. Ta maison est au point.

ROGER, *à Carmen :* Elle est dans les prisons? Dans les rides des vieillards?

CARMEN : Oui.

ROGER : Dans la courbe des chemins?

CARMEN : Il ne faut pas demander l'impossible.

> *Même bruit que tout à l'heure : le coq et l'enclume.*

Il est temps de partir, monsieur. La séance est finie. Pour sortir, vous prendrez à gauche. Le couloir...

> *On entend le bruit de l'enclume encore, et un peu plus fort.*

Vous entendez? Il faut rentrer... Qu'est-ce que vous faites?

ROGER : La vie est à côté... et elle est très loin. Ici, toutes les femmes sont belles... Elles ne servent à rien d'autre qu'à être belles. On peut se perdre en elles...

CARMEN, *sèche :* Oui. Dans la langue courante on nous appelle des putains. Mais il faut rentrer...

ROGER : Pour aller où? Dans la vie? Reprendre, comme on dit, mes occupations...

CARMEN, *un peu inquiète :* Je ne sais pas ce que vous faites, et je n'ai pas le droit de me renseigner. Mais vous devez partir. L'heure est passée.

> *Le bruit de l'enclume et d'autres bruits indiquant une activité : claquement de fouet, bruit de moteur, etc.*

ROGER : On se presse dans ta maison. Pourquoi veux-tu que je retourne d'où je viens?

CARMEN : Vous n'avez plus rien à faire...

ROGER : Là-bas? Non. Plus rien. Ici non plus, d'ailleurs. Et dehors, dans ce que tu nommes la vie, tout a flanché. Aucune vérité n'était possible... Tu connaissais Chantal?

CARMEN, *soudain effrayée* . Partez! Allez-vous-en
vite!

LA REINE, *irritée :* Je ne permettrai jamais qu'il
fiche la pagaye dans mes salons! Qui est-ce qui m'a
envoyé cet individu? Toujours, après les troubles,
la pègre s'en mêle. J'espère que Carmen...

CARMEN, *à Roger :* Partez! Vous non plus vous
n'avez pas le droit de me poser des questions. Vous
le savez qu'un règlement très strict régit les
bordels, et que la police nous protège.

ROGER : Non! Puisque je joue au Chef de la
Police, et puisque vous m'autorisez à l'être ici...

CARMEN, *le tirant :* Vous êtes fou! Et vous ne
seriez pas le premier qui croit être arrivé au
pouvoir... Venez!

ROGER, *se dégageant :* Si le bordel existe, et si j'ai
le droit d'y venir, j'ai le droit d'y conduire le
personnage que j'ai choisi, jusqu'à la pointe de son
destin... non, du mien... de confondre son destin
avec le mien...

CARMEN : Ne criez pas, monsieur, tous les salons
sont occupés. Venez...

ROGER : Rien! Il ne me reste plus rien! Mais au
Héros il ne restera pas grand-chose...

> *Carmen essaye de le faire sortir. Elle ouvre
> une porte puis une autre, puis une autre... elle
> se trompe... Roger a sorti un couteau et, le
> dos au public, fait le geste de se châtrer.*

LA REINE : Sur mes tapis! Sur la moquette neuve!
C'est un dément!

CARMEN, *dans un cri :* Faire ça ici!... *(Elle crie.)*
Madame! Madame Irma!...

Enfin Carmen réussit à entraîner Roger.

*La Reine sort en courant. Tous les person-
nages : le Chef de la Police, l'Envoyé, le
Juge, le Général, l'Évêque, se retournent,
quittant les lucarnes. Le Chef de la Police
s'avance au milieu de la scène.*

LE CHEF DE LA POLICE : Bien joué. Il a cru me
posséder.

*Il porte la main à sa braguette, soupèse
très manifestement ses couilles et, rassuré,
pousse un soupir.*

Les miennes sont là. Alors, qui de nous deux est
foutu ? Lui ou moi ? Et si, dans chaque bordel du
monde entier, mon image était châtrée, moi, je reste
intact. Intact, messieurs. *(Un temps.)* Ce plombier
ne savait pas jouer, voilà tout. *(Il appelle, joyeux.)*
Irma ! Irma !... Où est-elle ? Ce n'est pas à elle de
faire des pansements.

LA REINE, *entrant :* Georges ! Le vestibule !... Les
tapis sont couverts de sang... le vestibule est plein
de clients... On éponge comme on peut. Carmen ne
sait plus où les placer...

L'ENVOYÉ, *s'inclinant devant le Chef de la Police :*
Beau travail.

LE CHEF DE LA POLICE : Une image de moi va
se perpétuer en secret. Mutilée ? *(Il hausse les
épaules.)* Une messe basse, pourtant, sera dite à ma
gloire. Qu'on prévienne les cuisines ! Qu'on m'en-
voie pour deux mille ans de boustifaille !

LA REINE : Et moi ? Georges ? Mais je suis encore
vivante !...

LE CHEF DE LA POLICE, *sans l'entendre :* Alors... Je suis... Où? Ici, ou... mille fois là-bas? *(Il montre le tombeau.)* Maintenant, je vais pouvoir être bon... et pieux... et juste... Vous avez vu? Vous m'avez vu? Là, tout à l'heure, plus grand que grand, plus fort que fort, plus mort que mort? Alors, je n'ai plus rien à faire avec vous.

LA REINE : Georges! Mais je t'aime encore, moi!

LE CHEF DE LA POLICE, *se dirigeant vers le tombeau :* J'ai gagné le droit d'aller m'asseoir et d'attendre deux mille ans. *(Aux photographes.)* Vous, regardez-moi vivre et mourir. Pour la postérité : feu! *(Trois éclairs presque simultanés de magnésium.)* Gagné!

> *Il entre dans le tombeau à reculons, très lentement, cependant que les trois photographes, désinvoltes, sortent par la coulisse de gauche, leur appareil sur le dos. Ils font un salut de la main, avant de disparaître.*

LA REINE : Mais c'est moi qui ai tout fait, tout organisé... Reste... Qu'est-ce que...

> *Soudain un crépitement de mitraillette.*

Tu entends!

LE CHEF DE LA POLICE, *éclatant de rire :* Pensez à moi!

> *Le Juge et le Général se précipitent pour le retenir, mais les portes commencent à se refermer cependant que le Chef de la Police descend les premières marches. Un deuxième crépitement de mitraillette.*

LE JUGE, *s'accrochant à la porte :* Ne nous laissez
pas seuls!

LE GÉNÉRAL, *morne :* Toujours ce carrosse!

L'ENVOYÉ, *au Juge :* Retirez vos doigts, vous allez
rester coincé.

> *La porte s'est décidément refermée. Les
> personnages qui restent demeurent un instant
> désemparés. Un troisième crépitement de
> mitraillette.*

LA REINE : Messieurs, vous êtes libres...

L'ÉVÊQUE : Mais... en pleine nuit?...

LA REINE, *l'interrompant :* Vous passerez par la
petite porte qui donne sur la ruelle. Une voiture
vous attend.

> *Elle salue d'un signe de tête. Les Trois
> Figures sortent à droite. Un quatrième cré-
> pitement de mitraillette.*

LA REINE : Qui est-ce?... Les nôtres... ou des
révoltés?... ou?...

L'ENVOYÉ : Quelqu'un qui rêve, madame...

> *La Reine se dirige vers différents points de
> la chambre et tourne un commutateur.
> Chaque fois une lumière s'éteint.*

LA REINE, *sans s'interrompre d'éteindre :* ... Irma.
Appelez-moi madame Irma, et rentrez chez vous.
Bonsoir, monsieur.

L'ENVOYÉ : Bonsoir, madame Irma.

> *Il sort.*

IRMA, *seule et continuant d'éteindre :* Que de

lumières il m'aura fallu... mille francs d'électricité par jour!... Trente-huit salons!... Tous dorés, et tous, par machinerie, capables de s'emboîter les uns dans les autres, de se combiner... Et toutes ces représentations pour que je reste seule, maîtresse et sous-maîtresse de cette maison et de moi-même... *(Elle éteint un commutateur, mais se ravise.)* Ah, non, ça c'est le tombeau, il a besoin de lumière pour deux mille ans!... Et pour deux mille ans de nourriture... *(Elle hausse les épaules.)* Enfin, tout est bien agencé, et il y a des plats préparés : la gloire c'est de descendre au tombeau avec des tonnes de mangeaille!... *(Elle appelle, tournée vers la coulisse.)* Carmen?... Carmen?... Tire les verrous, mon chéri, et place les housses... *(Elle continue d'éteindre.)* Tout à l'heure, il va falloir recommencer... tout rallumer... s'habiller... *(On entend le chant d'un coq.)* s'habiller... ah, les déguisements! Redistribuer les rôles... endosser le mien... *(Elle s'arrête au milieu de la scène, face au public.)* ...préparer le vôtre... juges, généraux, évêques, chambellans, révoltés qui laissez la révolte se figer, je vais préparer mes costumes et mes salons pour demain... il faut rentrer chez vous, où tout, n'en doutez pas, sera encore plus faux qu'ici... Il faut vous en aller... Vous passerez à droite, par la ruelle... *(Elle éteint une dernière lumière.)* C'est déjà le matin.

Un crépitement de mitrailleuse.

RIDEAU

DU MÊME AUTEUR

Aux Éditions Gallimard

HAUTE SURVEILLANCE

JOURNAL DU VOLEUR

ŒUVRES COMPLÈTES

Dans la collection Folio

JOURNAL DU VOLEUR

NOTRE-DAME-DES-FLEURS

MIRACLE DE LA ROSE

LES BONNES

LES NÈGRES
LES PARAVENTS

Dans la collection L'Imaginaire

POMPES FUNÈBRES
QUERELLE DE BREST